Allitera Verlag

Armin Rudi Kitzmann, 1938 in Alexandrow (heutiges Polen) geboren, studierte Theologie. Später war er zunächst Vikar in Oberfranken, dann Studiendirektor und qualifizierter Beratungslehrer in München. Als Schulpfarrer am St.-Anna-Gymnasium hat er sich intensiv mit der Geschichte der Protestanten in München auseinandergesetzt.

Armin Rudi Kitzmann

Wagnis Widerstand

Evangelische Christen in München
gegen den Nationalsozialismus

Allitera Verlag

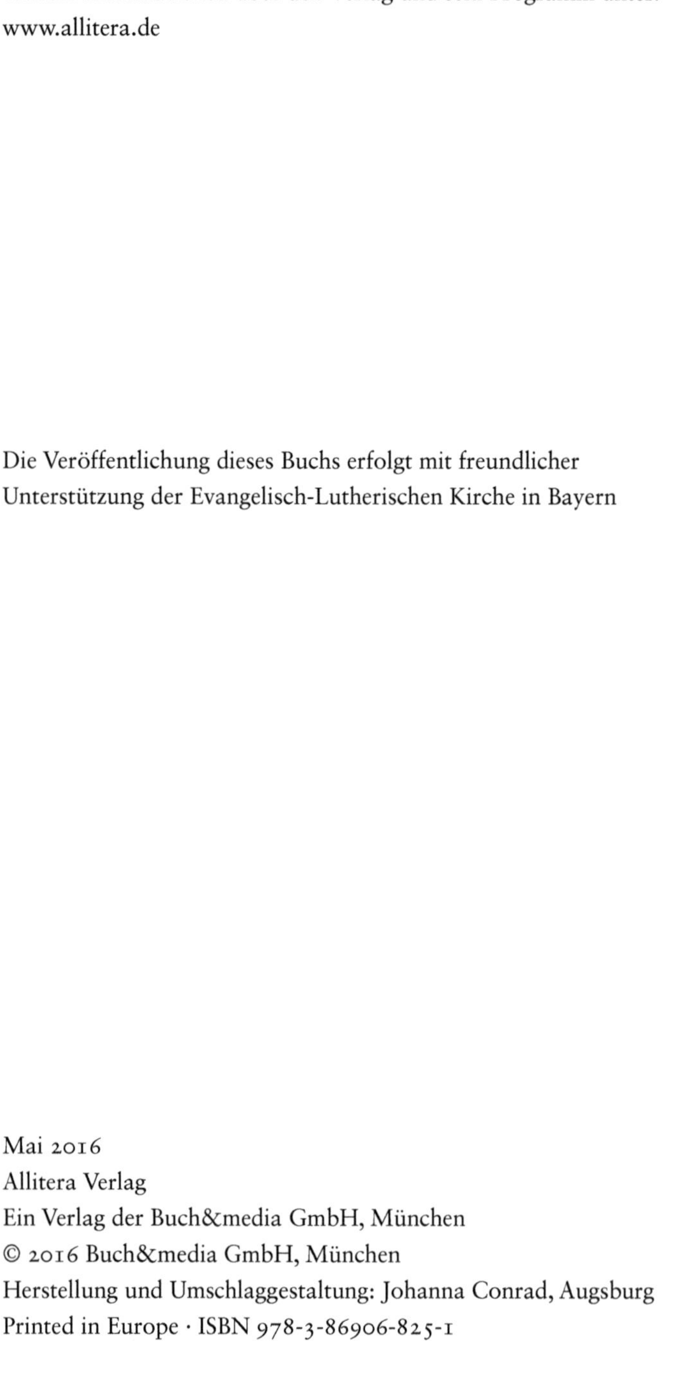

Weitere Informationen über den Verlag und sein Programm unter:
www.allitera.de

Die Veröffentlichung dieses Buchs erfolgt mit freundlicher Unterstützung der Evangelisch-Lutherischen Kirche in Bayern

Mai 2016
Allitera Verlag
Ein Verlag der Buch&media GmbH, München

Herstellung und Umschlaggestaltung: Johanna Conrad, Augsburg
Printed in Europe · ISBN 978-3-86906-825-1

Inhalt

Vorwort

1990 erschien mein erstes Buch »Das offene Tor« und 1999 das zweite »Mit Kreuz und Hakenkreuz«. Beide Bücher beschreiben die Geschichte der Protestanten in München. Beide Werke sollten dazu dienen, protestantisches Bewusstsein und Gemeinschaftsgefühl in der Münchner Gesamtgemeinde zu wecken: protestantische Identität gemäß dem Satz »Wer seine Geschichte kennt, weiß, wo er steht.« Nun veröffentlicht der Allitera Verlag freundlicherweise dieses dritte Buch »Wagnis Widerstand – Evangelische Christen gegen den Nationalsozialismus«.

Die Geschichte der Münchner Gesamtgemeinde ist eine kurze, aber reiche und interessante Geschichte. Dramatisch ist sie, wenn man an die Zeit des Nationalsozialismus denkt. So wurde auf vielen Ebenen und in zahlreichen Veranstaltungen das Thema »Kirche und Nationalsozialismus« diskutiert. Häufig stand dabei die Behauptung der Schuld, des Versagens und der Anpassung im Mittelpunkt – bis hin zur Entnennung der Meiserstraße durch den Münchner Stadtrat 2006. Dass es aber bei allem Versagen auch Menschen in unserer Kirche gegeben hat, die mutig gegen den Nationalsozialismus standen und dabei auch ihre Existenz aufs Spiel gesetzt haben, geriet darüber in den Hintergrund. So wurde es nötig, auch ihrem widerständigen Reden und Handeln nachzuforschen und für die ihnen gebührende Hochachtung zu sorgen. Mit diesem Buch wird dieser Versuch unternommen. Ermuntert dazu hat mich auch ein Schreiben von Denny Fleischmann aus Montevideo/Uruguay, der als vierjähriger Bub in einem evangelischen Waisenhaus vor dem Zugriff der Gestapo bewahrt worden ist. Er stellte fest: »Heute kann ich nur noch von Glück sprechen, dass ich damals in menschliche Hände gefallen bin, Menschen, die mit ihrer Hilfe ihr eigenes Schicksal in Risiko setzten. Deshalb will ich Ihnen auch zu Ihrer Arbeit gratulieren, denn ich glaube, es ist sehr wichtig, dass mehr von der Großzügigkeit dieser Menschen informiert wird [...]. [...] möchte ich Ihnen nochmals für Ihre Bemühungen, dass diese schreckliche Zeit nie vergessen wird, danken.«

Ich wünsche und hoffe, dass mit dieser neuen geschichtlichen Darstellung unser Bewusstsein als evangelische Christen gestärkt wird und uns klar wird, dass wir nur auf den Schultern unserer Glaubensväter und -mütter das Reformationsjubiläum 2017 begehen können.

Armin Rudi Kitzmann *München, im Mai 2016*

Einleitung

Mit dem Begriff »Widerstand« verbindet man im Allgemeinen den Widerstand vom 20. Juli 1944 mit dem Attentat auf Hitler. Und natürlich die Namen und Persönlichkeiten, die darin verwickelt waren. Man ist also sehr schnell bei den Menschen, die bereit waren, ihr Leben gegen den Terror des Nationalsozialismus einzusetzen und die es zum Teil auch verloren haben. Die Märtyrergestalten mit ihrem Handeln stehen vor uns: Carl Friedrich Goerdeler, die Mitglieder des »Kreisauer Kreises«, Claus von Stauffenberg, Dietrich Bonhoeffer, Rupert Mayer, Alfred Delp, die Geschwister Scholl, die weiteren Mitglieder der »Weißen Rose« und viele andere. Diese leuchtenden Namen gibt es in der deutschen Geschichte!

Der Begriff »Widerstand« muss aber weiter gefasst werden. Denn nicht nur die Totalopposition gegen Hitler und die Nationalsozialisten, in der auch das eigene Leben aufs Spiel gesetzt wurde, war Widerstand. »Widerstand« lässt sich in einer Vielzahl von Formen und Ereignissen beschreiben. Zu dieser Deutung ermutigt die ehemalige Staatsministerin Hildegard Hamm-Brücher, die über ihren Lehrer, den berühmten Nobelpreisträger für Chemie Prof. Dr. Heinrich Otto Wieland (1877–1957) berichtet. Er hat sie und zahlreiche andere, von den Rassegesetzen betroffene Doktoranden und Studenten seines Instituts vor dem Zugriff der Gestapo und damit vor dem Konzentrationslager bewahrt.[1]

Ihm wurde nicht der Prozess von den Nationalsozialisten gemacht, er wurde nicht hingerichtet, er konnte sogar seine Arbeit als Naturwissenschaftler an der Technischen Universität München bis 1945 weiterführen. Und doch war er ein

Widerständler. Ein großer »Widersteher«, wie ihn Hildegard Hamm-Brücher genannt hat. Zum Prozess gegen vier seiner Studenten am 13. Oktober in Donauwörth ist er demonstrativ angereist und hat allein schon durch seine Anwesenheit die Angeklagten gestützt. Zu diesen Studenten, für die er sich mutig als Entlastungszeuge zur Verfügung gestellt hat, gehörten auch Hans Conrad Leipelt (1921–1945) und Marie-Luise Schultze-Jahn, die Verbreiter des letzten Flugblattes der »Weißen Rose«. Bis auf Hans Conrad Leipelt kamen alle mit Gefängnisstrafen davon. Auch dieses Eintreten war Widerstand in höchstem Maße. Da sein Großvater Pfarrer in Schlat (Württemberg) war, dürfen wir annehmen, dass Heinrich Otto Wieland evangelischer Christ war.

Prof. Dr. Heinrich Otto Wieland, 1927.

Mit dieser Erwähnung von Professor Wieland will Hamm-Brücher deutlich machen, dass jede Form der Zivilcourage und jede Form der Opposition gegen das Regime der Nationalsozialisten sich auch als »Widerstand« oder »Resistenz« beschreiben lässt.

Von einer solch weitgefassten Definition her könnte man nun natürlich zu der beruhigenden Überzeugung gelangen, dass es in den zwölf Jahren Diktatur des Nationalsozialismus immer und überall Widerstand gegeben habe. Das stünde allerdings nicht im Einklang mit der Wirklichkeit.

Der Journalist Ralph Giordano hat einmal die Dinge auf den Punkt gebracht, als er in einem Gespräch sagte: »Der aktive Widerstand war ein Atoll im Pazifik der braunen Zustimmung.« Das trifft wohl zu!

Wenn nun in dieser Arbeit versucht wird, den evangelischen Widerstand in München zu beschreiben, dann ist das wiederum nur die Annäherung an einen ganz kleinen Teil dieses Atolls. Trotzdem ist zu hoffen, dass sich die Mühe lohnen und »Land« auftauchen wird. Wer und wo waren die evangelischen Christen, die in München dem Nationalsozialismus Widerstand geleistet haben – Widerstand im weitesten Sinne?

1 Widerstand in der heißen Phase des Kirchenkampfs

1.1 Anpassung an die neue Zeit

Das Empfinden, das bei der Machtergreifung Hitlers im evangelischen München vorherrschend war, drückt Pfarrer Ernst Kutter von der Christuskirche mit diesen Worten aus: »Als im Jahre 1933 Hindenburg Adolf Hitler mit der Kanzlerschaft betraute, und als der Tag von Potsdam kam, loderte das Herz in heiliger Begeisterung mit. Ein Staat, der die Zeit- und Ewigkeitswerte des christlichen Glaubens schätzt, sich zum positiven Christentum bekennt und in christlicher Gesinnung sozial denkt und handelt, war ja das Ziel der Sehnsucht.«[2]

Zug zum Rathaus bei der Amtseinführung von Landesbischof D. Hans Meiser am 11. Juni 1933 in Nürnberg. Jeweils v. l. n. r., erste Reihe: Dekan D. Erhard Weigel, Nürnberg; Kirchenpräsident D. Friedrich Veit, Vorgänger Meisers; Kirchenrat D. Friedrich Langenfaß, München. Zweite Reihe: Oberregierungsrat Robert Bracker, Fürth, Präsident der Landessynode; Landesbischof D. Hans Meiser, München; Kirchenrat Fritz Klingler, Nürnberg, Vorsitzender des Bayerischen Pfarrervereins. Dritte Reihe: Staatsminister Hermann Esser, München; Ministerpräsident Ludwig Siebert, München; Kultusminister und Gauleiter Hans Schemm.

Dem neuen Staat, der sich etablierte, und der neuen Zeit, die damit anbrach, musste auch eine neue Kirche entsprechen. Kirchenpräsident D. Friedrich Veit, der nie einen Hehl aus seiner Abneigung gegen die Bewegung des Nationalsozialismus gemacht hatte, ist nun nicht mehr auf der Höhe dieser Zeit. Er wird in einer Art Palastrevolution vorzeitig in den Ruhestand versetzt und am 3. Mai 1933 durch den Oberkirchenrat D. Hans Meiser (1881–1956) ersetzt. Gleichzeitig verleiht die Synode dem neuen Kirchenführer den Titel eines Landesbischofs und verabschiedet das »Gesetz über die Ermächtigung des Landesbischofs zum Erlass von Kirchengesetzen«. Die Amtseinführung Meisers am 11. Juni 1933 in Nürnberg ist dann ein großartiger Festakt von Kirche, Stadt, Staat und Partei in Nürnberg.

So ist es auch verständlich, dass die bayerische Landeskirche an der Errichtung einer evangelischen Reichskirche im Sinne Hitlers mitarbeitet. Dabei geht es zunächst um die Wahl eines Reichsbischofs der Deutschen Evangelischen Kirche. An der Nominierung und Wahl von Pfarrer Friedrich von Bodelschwingh wirkt auch der bayerische Landesbischof entscheidend mit. Als aber der Druck der »Deutschen Christen« und des Führers zu stark wird, veranlasst man Bodelschwingh zum Rücktritt und wählt – auch unter Mithilfe aus München – den Vertrauten Hitlers, Wehrkreispfarrer Ludwig Müller, zum Reichsbischof. Diese Ereignisse sollen als Beleg genügen, um die Anpassung der evangelischen Kirche an das neue Regime, ja die teilweise helle Begeisterung dafür, zu kennzeichnen.

Im Juli 1933 beschreibt das »Evangelische Gemeindeblatt für München« das Verhältnis von Kirche und Staat als »geordnet und sehr gut«. Widerstand? – Dafür gibt es zunächst keinerlei Anlass. Als Beleg dafür können auch die Ereignisse anlässlich der 100-Jahrfeier der Matthäuskirche dienen. Hermann Dietzfelbinger, der spätere Landesbischof, hat im »Evangelischen Gemeindeblatt für München« (1933, Nr. 41, S. 458) einen Bericht über die 100-Jahrfeier der St. Matthäuskiche verfasst. In ihm wird das damalige Verhältnis von Staat und Kirche sehr deutlich. Hier eine kurze Zusammenfassung:

> »Ministerpräsident Ludwig Siebert überbringt die Grüße der bayerischen Staatsregierung und auch seine persönlichen als Gemeindeglied. Als evangelischer Christ glaubt er eine Parallele aufzeigen zu können zwischen dem geschichtlichen Auftrag Adolf Hitlers und Martin Luthers. Wie der eine verhindert hat, dass das Evangelium im Abendland verschüttet wurde, so der andere, dass der Bolschewismus Deutschland zertrümmert. In diesem Zusammenhang bedankt er sich auch bei der evangelischen Kirche für ihr Versprechen, bei der Neugestaltung des Vaterlandes mitzuarbeiten. Kurz zuvor hatte ihm Dekan D. Friedrich Langenfaß (1880–1965) mit einer Treueerklärung gegenüber dem deutschen Volk das entsprechende Stichwort gegeben. Siebert sagt: ›Die politische Erneuerung unseres Volkes haben wir durchgeführt. Wir brauchen aber auch die seelische und sittliche Erneuerung. Die aber können wir Politiker allein nicht schaffen. Da muß die Kirche mithelfen. Darum bitte ich heute als bayerischer Ministerpräsident, daß auch die protestantische Kirche Bayerns mithelfe, an dieser seelischen und sittlichen Erneuerung unseres Volkes.‹«

1.2 Erste Auseinandersetzungen: die »Deutschen Christen«

Die bereits 1932 gegründete Glaubensbewegung »Deutsche Christen«, die sich ganz und gar dem völkisch-nationalen Programm des Nationalsozialismus verschreibt, beginnt nach der Machtergreifung Hitlers von Preußen aus den Marsch in die deutschen Landeskirchen. Bei den von Hitler zum 23. Juli 1933 angeordneten Wahlen zu den Kirchenvorständen, zu den Landessynoden und zur Nationalsynode erringen sie mehr als 70% der Stimmen. Zahlreiche Kirchenleitungen und Synoden werden durch sie besetzt.

Hitler bezieht persönlich massiv Stellung für sie. In Bayern und speziell in München kommt es zwar nicht zu einer Dominanz der »Deutschen Christen«,[3] es wird aber ernsthaft die Frage diskutiert, ob nicht auch hier der Zeitpunkt da sei, sich ihnen anzuschließen.[4] Doch dann beseitigt ein Ereignis alle Unklarheiten in den Positionen der »Deutschen Christen«. Der Nebel um die Glaubensbewegung lichtet sich und sie steht deutlich erkennbar da als die religiöse Variante der nationalsozialistischen Partei. Das angesprochene Ereignis ist die große Sportpalastkundgebung am 13. November 1933 in Berlin, auf der Studienassessor Dr. Reinhold Krause vor 20000 Teilnehmern die »Befreiung von allem Undeutschen im Gottesdienst und im Bekenntnismäßigen, Befreiung vom Alten Testament mit seiner jüdischen Lohnmoral, von diesen Viehhändler- und Zuhältergeschichten« fordert sowie einen grundsätzlichen Verzicht auf die ganze Sündenbock- und Minderwertigkeitstheologie des Rabbiners Paulus.[5]

Am 13. November 1933 füllten 20000 Menschen den Berliner Sportpalast anlässlich der Versammlung des Gaues Groß-Berlin der »Deutschen Christen«. Durch die Anwesenheit prominenter Kirchenführer bekam sie hochoffizielles Gepräge. Hier hielt der Gauobmann Dr. Reinhold Krause seine unsägliche Rede.

Während diese Ausführungen begeisterten Beifall im Sportpalast finden, hagelt es Proteste im ganzen Reich. Auch in Bayern und in München erkennt man, dass hier das christliche Bekenntnis verraten wird.

Am Tag danach weist Landesbischof Meiser in der Feier zu Luthers 450. Geburtstag die Forderungen der »Deutschen Christen« mit aller Entschiedenheit öffentlich zurück. Auch der Münchner Dekan Friedrich Langenfaß zeigt sich eindeutig: »Jeder evangelische Christ, der sein Volk liebt und dem Dritten Reich ehrlich und entschlossen dienen will, muß am Bekenntnis der Kirche festhalten.«[6] – Widerstand um des christlichen Bekenntnisses willen!

Die Folge dieser Proteste: Dr. Reinhold Krause wird aus seinen kirchlichen Ämtern entfernt, ebenso der Reichsleiter der »Deutschen Christen«, Bischof Joachim Hossenfelder. In Bayern unterstellt sich die Glaubensgemeinschaft ausdrücklich ihrem Landesbischof und beschließt ihre Selbstauflösung. Und bei einer Befragung unter den Pfarrern distanzieren sich lediglich elf von der Kirchenpolitik ihres Landesbischofs.

1.3 Umstrittener Reichsbischof

Als man Pastor Ludwig Müller am 27. September 1933 zum Reichsbischof wählt, wird er zur Schlüsselfigur für die weitere Entwicklung der evangelischen Kirche in Deutschland. Mit ihm will Hitler aus den 28 Landeskirchen eine geeinigte evangelische Reichskirche errichten. Doch Zug um Zug verliert Müller das Vertrauen der Kirchenführer, die ihn, Hitlers Wunsch gemäß, gewählt haben.

Die eigenmächtige Überführung sämtlicher evangelischer Jugendverbände in die Hitlerjugend Ende 1933 (sozusagen Müllers Weihnachtsgeschenk an Hitler) bringt schließlich das Fass zum Überlaufen. Eine massive Opposition, auch zahlreiche Kirchenführer, fordert jetzt den Rücktritt des Reichsbischofs. Der aber wehrt sich dadurch, dass er seinen »Maulkorberlass« bekannt gibt (4. Januar 1934: Amtsträger, die das Kirchenregiment oder dessen Maßnahmen öffentlich

Reichsbischof Ludwig Müller, umgeben von SA-Mitgliedern beim Hitler-Gruß. 27. September 1933.

angreifen, sollen Disziplinarverfahren unterworfen und entlassen werden).[7] Dagegen protestiert sofort (7. und 14. Januar) der Pfarrernotbund mit Pfarrer Martin Niemöller (1892–1984) durch Kanzelabkündigungen.[8] Die bayerische Landeskirche legt dagegen Rechtsverwahrung ein[9] und das Kirchenvolk solidarisiert sich mit diesem Protest.

Mit dem Reichskanzler will man sich arrangieren, nicht aber mit seinem Vertrauensmann Ludwig Müller. Dass diese Unterscheidung aber nicht möglich ist, das zeigen die nun folgenden Ereignisse:

Am 25. Januar 1934 empfängt Hitler die gesamte Prominenz der evangelischen Kirche, auch die Vertreter der Opposition mit Pfarrer Martin Niemöller, in Berlin. Die Kirchenleute erhoffen sich von diesem Treffen die Entmachtung Müllers durch den Führer. Doch der Empfang nimmt eine unerwartete Wende. Gleich zu Beginn verliest Hermann Göring (wie vermutet wird, abgesprochen mit Hitler) das am Morgen von der Gestapo abgehörte Gespräch Martin Niemöllers mit Pfarrer Dr. Walter Künneth. In flapsigem Ton stellt hier der Notbundpfarrer Niemöller fest, dass alles gut laufen werde, auch Hindenburg sei über die Forderungen der Kirchenführer informiert (Memorandum vom 24. Januar) und der Reichskanzler Hitler sei bei ihm einbestellt und er werde die »letzte Ölung« erhalten.

In einem gespielten Wutanfall bauscht nun Hitler den gesamten Vorgang, auch die Einschaltung des Reichspräsidenten, als gegen ihn gerichtete Konspiration auf. Die sachlich vorgetragenen Einwände der Landesbischöfe D. Theophil Wurm und D. Hans Meiser gegen Ludwig Müller aber weist Hitler zurück und fordert die Kirchenführer auf, »in christlich-brüderlicher Gesinnung« mit dem Reichsbischof zusammenzuarbeiten.[10] Hitler stellt später in einem Tischgespräch fest: »Die Abgesandten der evangelischen Kirche seien daraufhin vor Schreck so in sich zusammengerutscht, dass sie fast nicht mehr dagewesen seien.«[11]

So in die Enge getrieben, lassen sich die Kirchenführer tatsächlich unmittelbar zu einer Vereinbarung drängen, nach der sie bereit waren, »sich geschlossen hinter den Reichsbischof zu stellen und seine Maßnahmen in dem von ihm gewünschten Sinne durchzuführen«.

Die Bischöfe müssen sich dafür heftigste Kritik in ihren Landeskirchen gefallen lassen. In Bayern und in München geht das so weit, dass Landesbischof Meiser seinen Rücktritt anbietet. Der 25. Januar 1934 wird auf diese Weise zum »schwarzen Tag« der Kirchenführer. Trotzdem darf im Anschluss daran ein weiteres Ereignis nicht übersehen werden:

Am 13. März 1934 treffen die Landesbischöfe Wurm und Meiser noch einmal zu einer persönlichen, vertraulichen Aussprache mit Hitler zusammen[12] und erklären ihm – entgegen ihrem früheren Versprechen – nicht mehr in der Lage zu sein, mit Reichsbischof Müller zusammenzuarbeiten. Hitler seinerseits stellt daraufhin fest,

- dass das Christentum aus Deutschland verschwinden werde, denn die zerstrittene evangelische Kirche habe ihre Chance nicht genützt, die er ihr gegeben hat, das Landeskirchentum zu überwinden.

- Die Kirche müsse sich an die Lehre von Blut und Rasse gewöhnen, sonst gehe die Entwicklung über sie hinweg.
- Ludwig Müller bleibe Reichsbischof, weil die Kirche ihn gewählt habe. (Er blieb es tatsächlich.)

Landesbischof Meiser hat sich zu diesem Gespräch folgendes notiert: »Allen Vorstellungen und Einwendungen Hitlers gegenüber blieben wir fest. Als er für keine unserer Vorstellungen Verständnis zeigte, sagte ich schließlich: ›Wenn die Dinge so liegen, so bleibt uns nichts übrig, als unseres Führers allergetreueste Opposition zu werden.‹ Darauf brauste Hitler auf, bekam einen förmlichen Tobsuchtsanfall, lief hin und her und schrie uns an: ›Nicht meine allergetreueste Opposition sind Sie, sondern Verräter des Volkes, Feinde des Vaterlandes und Deutschlands Zerstörer.‹«[13]

War dieses Reden Widerstand? Gegner Meisers heute hören nur die Feststellung »allergetreueste (Opposition)« heraus. Sie übersehen dabei, dass allein die Verwendung des Begriffes »Opposition« Hitler gegenüber bereits ein Wagnis war, denn im Juli 1933 hatte Hitler mit der brutalen Auflösung der Parteien sämtliche politische Opposition beseitigt.

Meiser war in den Augen Hitlers also ein »Verräter des Volkes«, ein »Feind des Vaterlandes«, ein »Zerstörer Deutschlands«. Das war wohl auch für den Landesbischof eine deutliche Kampfansage. Dieser Vorwurf hat auch dem bayerischen Kirchenführer die Augen geöffnet über die wahre Einstellung Hitlers und seiner Partei zur Kirche, denn in einem Schreiben vom 28. März 1934 an alle Pfarrer betont er, dass die kommenden Auseinandersetzungen die »bayerischen Geistlichen und Gemeinden vor die Pflicht des Bekennens stellen werden« und dass es dabei wichtig sei, »immer mehr zu lernen, auf Gott allein [zu] schauen«.[14] Mit diesen Ereignissen ist der Beginn des Kirchenkampfs in Bayern markiert. Und in einem erheblichen Maße findet dieser auch in München statt.

Landesbischof Meiser in München und seine bayerische Kirche glauben aber den Spagat zwischen der Loyalität zum nationalsozialistischen Staat und seiner Obrigkeit auf der einen Seite und der unbedingten Treue zum Bekenntnis der Kirche auf der anderen Seite durchhalten zu können – durch Widerstand und Anpassung.

1.4 Die Erklärungen von Ulm und Barmen

Von Hitler gehalten und gestärkt durch die Unterwerfungserklärung der Kirchenführer vom 25. Januar 1934, versucht Reichsbischof Müller, seine Position zu festigen. In den von den »Deutschen Christen« beherrschten Landeskirchen beginnt er gegen die Notbundpfarrer und die Gemeinden der Bekenntnisbewegung einen Kirchenkampf in übelster Form. Und er lässt nicht nach in seinem Bemühen, die noch außenstehenden Kirchen in seine Deutsche Evangelische Kirche einzugliedern.

Das aber führt zur Initiative des bayerischen Landesbischofs, eine Kampf- und Bekenntnisgemeinschaft zwischen den noch selbstständigen süddeutschen Kirchen und den Gruppen und Synoden der Bekenntnisbewegung zu gründen. Als der Reichsbischof gegen jedes Recht versucht, die württembergische Landeskirche gleichzuschalten, scheitert er nicht nur am Widerstand der Gemeinden und ihrer Pfarrerschaft, sondern auch an der Beharrlichkeit von Landesbischof Wurm und Meiser.

Der bayerische Landesbischof verliest auf dem Bekenntnistag am 22. April 1934 im Ulmer Münster vor etwa 10 000 Gemeindegliedern eine leidenschaftliche Erklärung, mit der sich die versammelten Kirchenvertreter als »rechtmäßige evangelische Kirche Deutschlands« bezeichneten. Unterzeichner dieser Erklärung sind die Vertreter der württembergischen und bayerischen Landeskirche, der Freien Synoden im Rheinland, in Westfalen und Brandenburg sowie viele bekennende Gemeinden und Christen in ganz Deutschland.[15]

Das ist öffentlich bekundete Opposition gegen Reichsbischof Müller, die »Deutschen Christen« und den hinter ihnen stehenden Nationalsozialismus. Notwendige Opposition, weil das Bekenntnis der Kirche, ja die Kirche selbst, in Gefahr ist.

Der bayerische Landesbischof aus München ist es auch, der die Mitarbeit bayerischer Theologen (Thomas Breit, Georg Merz, Eduard Putz, Hermann Sasse) am Bekenntnis von Barmen veranlasst. Diese »Barmer Erklärung« wird von der Bekenntnissynode am 31. Mai 1934 einstimmig verabschiedet (trotz der Vorbehalte von Erlanger Theologen) und entfaltet bis hin zur Leuenberger Konkordie (1973) eine starke Wirkung. Damals war sie aber gedacht als die theologische Begründung für den Widerstand gegen die Vereinnahmung durch den nationalsozialistischen Staat.[16]

Barmer Synode vom 29. bis 31. Mai 1934. Landesbischof Hans Meiser im Gespräch mit anderen Kirchenmännern vor der Gemarker Kirche.

Die »Verwerfungen« der »Barmer Erklärung«

1. Wir verwerfen die falsche Lehre, als könne und müsse die Kirche als Quelle ihrer Verkündigung außer und neben diesem einen Wort Gottes auch noch andere Ereignisse und Mächte, Gestalten und Wahrheiten als Gottes Offenbarung anerkennen.
2. Wir verwerfen die falsche Lehre, als gebe es Bereiche unseres Lebens, in denen wir nicht Jesus Christus, sondern anderen Herren zu eigen wären. Bereiche, in denen wir nicht der Rechtfertigung und Heiligung durch ihn bedürfen
3. Wir verwerfen die falsche Lehre, als dürfe die Kirche die Gestalt ihrer Botschaft und ihrer Ordnung ihrem Belieben oder dem Wechsel der jeweils herrschenden weltanschaulichen und politischen Überzeugung überlassen.
4. Wir verwerfen die falsche Lehre, als könne und dürfe sich die Kirche abseits von diesem Dienst besondere, mit Herrschaftsbefugnissen ausgestattete Führer geben oder geben lassen.
5. Wir verwerfen die falsche Lehre, als solle und könne der Staat über seinen besonderen Auftrag hinaus die einzige und totale Ordnung menschlichen Lebens werden und also auch die Bestimmung der Kirche erfüllen. Wir verwerfen die falsche Lehre, als solle und könne sich die Kirche über ihren besonderen Auftrag hinaus staatliche Aufgaben und staatliche Würde aneignen und damit selbst zu einem Organ des Staates werden.
6. Wir verwerfen die falsche Lehre, als könne die Kirche in menschlicher Selbstherrlichkeit das Wort und Werk des Herrn in den Dienst irgendwelcher eigenmächtiger Wünsche, Zwecke und Pläne stellen.

Diese »Barmer Erklärung« ist auch das Bekenntnis der Evangelisch-Lutherischen Kirche in Bayern.

In der grundlegenden These 1 wird Jesus Christus als das Wort Gottes bezeichnet, neben dem keine anderen Ereignisse und Mächte, Gestalten und Wahrheiten als Gottes Offenbarung und Quelle der Verkündigung anerkannt werden können. »Andere Ereignisse, Mächte und Wahrheiten« – jedermann wusste, wer und was damit gemeint war.

Bei allem Bekennermut wird aber deutlich: Auch in München gibt man sich immer wieder der Illusion hin, der Kirchenkampf sei lediglich ein Kampf innerhalb der Kirche Deutschlands. Manche Schlaglichter lassen aber erkennen, dass der Nationalsozialismus als solcher sich gegen die Kirche formiert. Das deutlichste Zeichen hierfür ist der hetzerische Artikel von Karl Holz in der »Fränkischen Tageszeitung« vom 15./16. September 1934, in dem »die sofortige Entfernung des wortbrüchigen und treulosen Landesbischofs D. Meiser« gefordert wird. Er findet entsprechende Unterstützung in der gesamten Parteipresse – nicht aber in der bayerischen Landeskirche. Sie steht hinter ihrem Bischof und lehnt weiter alle Eingliederungsforderungen von Reichsbischof Müller und seinem Rechtswalter August Jäger entschieden ab.[17]

Landesbischof Meiser soll zurücktreten!

Überraschend zeigt sich auch der evangelische bayerische Kultusminister Hans Schemm als ausdrücklicher Gegner Meisers. Nach dem Protokoll der Sitzung des Bayerischen Ministerrates vom 6. Januar 1934 bestätigt Schemm, dass er zusammen mit Reichsbischof Müller der Meinung sei, Landesbischof Meiser »sei in seinem Amt nicht mehr am Platz«. Mit anderen Worten: Fort mit Bischof Meiser![18]

Auszug aus dem Protokoll:

> »IV. Verhältnis der evangelischen Kirche.
> Der Ministerpräsident (Ludwig Siebert) teilte mit, Landesbischof Meiser habe sich bei einem Besuch stark beunruhigt gezeigt, weil ihm bekannt geworden sei, dass der evangelische Reichsbischof und der bayerische Kultusminister (Hans Schemm) der Ansicht seien, er sei in seinem Amt nicht mehr am Platz. [...]
> Der Kultusminister erklärte, [...] bei Verhandlungen in Berlin sei ihm bekannt geworden, dass Reichsbischof Müller ein ganz vernichtendes Urteil über Landesbischof Meiser habe. Meiser habe die Erklärung sämtlicher Bischöfe, dass sie mit der Politik des Reichsbischofs einverstanden seien, zunächst unterzeichnet, nach zwei Tagen aber die Unterschrift in einem wesentlichen Punkte widerrufen, da er sie mit seinem Gewissen nicht vereinbaren könne. [...]
> Der Justizminister (Hans Frank) wies darauf hin, dass die NSDAP nach ihrem Programm auf dem Boden des positiven Christentums stehe. Im Übrigen müsse man es dem Führer überlassen, den Beginn des Kampfes festzusetzen.
> Der Ministerpräsident teilte mit, dass er über die Frage mit dem Führer gesprochen habe. Dieser verurteilte die Uneinigkeit in der evangelischen Kirche; er wolle die Sache aber zunächst nur im Auge behalten und ein aktives Eingreifen mit Rücksicht auf die außenpolitischen Arbeiten zunächst zurückstellen.
> Bei dieser Stellungnahme könne auch die Bayerische Staatsregierung den Kampf nicht aufnehmen, zumal da sie nicht angegriffen sei und die Auseinandersetzungen im Hinblick auf Franken und die Pfalz vermeiden müsse. Bei der gegenwärtigen politischen Lage gebiete es die Klugheit, in der Sache nichts zu tun. Er empfehle dem Herrn Kultusminister, dem Landesbischof die erbetene Aussprache zu gewähren.«

1.5 Beginn des Kirchenkampfs in München

Nun ist aber die Geduld der Reichskirchenregierung am Ende. Am 3. September 1934 verfügt sie selbstherrlich die Eingliederung der bayerischen und der württembergischen Landeskirche in die Deutsche Evangelische Kirche. Und die von den Nationalsozialisten gesteuerte Presse jubelt am 6. September 1934 in allen Tageszeitungen: »Damit sind alle

Allgemeine Rundschau

Generalanzeiger für Nordbayern — Nürnberger Bürgerzeitung

Anzeigenpreise: Die 12-gespaltene Millimeter-Zeile 7 Pfennig. Rabatt-Staffel B. Platzvorschriften ohne Verbindlichkeit. — Telefon: Kontor, Redaktion und Druckereibetrieb 78206 und 78207; Privat- und Haupt-Kontor 78205. Anzeigenannahme: Büro Nürnberg, Königstr. 51, I, Telefon 23750. Postscheckkonto: Nürnberg Nr. 6100

III

Die „Allgemeine Rundschau" erscheint täglich mit Ausnahme der Sonn- und Feiertage. Bezugspreis mit Versicherung 1.70 Mk., ohne Versicherung 1.50 Mk., zuzügl. Zustellgebühr durch den Austräger monatlich 30 Pfg., durch die Post 36 Pfg. Beilagen: „Schule Haus", „Der Erzähler", „Nach Feierabend", „Der Hausarzt"

Jeder mit einem Versicherungsschein versehene Abonnent und dessen Ehegatte sind bei der „Germania-Iduna", Lebens-Versicherungs-AG. Berlin SW 68, für den Fall des Todes durch Unfall mit je 1000 Reichsmark, zus. 2000 Reichsmark u. für den Fall der Ganzinvalidität mit je 1000 Reichsmark zus. 2000 Reichsmark versichert. Bei gleicher Gesellschaft sind auch Mann u. Frau mit einem Sterbegeld von 100 bis 150 Reichsmark, zus. bis 300 Reichsmark gedeckt. Ueber die Voraussetzung beider Versicherungen geben die Bedingungen Auskunft. Beim Tode des Versicherten hat die Unfall-Anzeige telegraphisch binnen 24 Stunden zu erfolgen.

Hauptschriftleiter: J. Bollmann. Verantwortlich für Politik: Ernst Hammerschmidt; für „Nürnberger Nachrichten": H. Herzog; für den übrigen Teil: J. Scharold; für Geschäftliches und Inserate: Fr. Kaysameier, sämtliche in Nürnberg-Zirndorf. — Eigentum, Druck und Verlag: Bollmann-Verlag G. m. b. H., Nürnberg-Zirndorf. — Geschäftsstelle Nürnberg, Königstraße 51 — D. A. VIII.: 23530.

44. Jahrgang — Nürnberg-Zirndorf, Montag, 17. September 1934 — Nummer 223

Große Kundgebungen für Landesbischof Meiser in München und Nürnberg

In ganz München fanden überfüllte Gottesdienste statt, weil sich am Samstag wie ein Lauffeuer die Angriffe der „Fränkischen Tageszeitung" gegen den hochverehrten Herrn Landesbischof D. Meiser herumgesprochen hatten. Von allen Kanzeln wurden Auszüge aus dem Artikel vorgelesen und der Protest der gesamten Pfarrerschaft Münchens zum Ausdruck gebracht. Ein ganz besonderes Erlebnis war der Gottesdienst in der Matthäuskirche, wo der Herr Landesbischof selbst predigte. Nach der aus tiefster Wahrheit des Evangeliums geschöpften Predigt gab Dekan Langenfaß die unerhörten Angriffe, die gegen die Ehre unseres Landesbischofs und unserer ganzen evangelischen Kirche gerichtet waren, bekannt und protestierte im Namen der Gesamtgeistlichkeit. Ein Sturm der Entrüstung erhob sich in der Kirche. Nach Schluß des Gottesdienstes versammelte sich die ganze Gemeinde in großen Scharen auf dem Platze vor der Kirche und sang das Lutherlied. Dann bewegte sie sich spontan in großem Zuge durch die Stadt zum Gebäude des Landeskirchenrats in der Arcisstraße, um Landesbischof D. Meiser eine aus dem Herzen kommende Kundgebung der Treue und Ergebenheit darzubringen. Von den unablässigen Rufen der Menge herausgerufen, erschien Landesbischof D. Meiser auf dem Balkon und sprach zu der Gemeinde. Die Versammelten sangen das Deutschlandlied und das Horst-Wessellied. Bevor sich die Menge auflöste, die immer wieder den Herrn Landesbischof sehen wollte, sang sie nochmals zum Schluß das Lutherlied.

Bericht der »Allgemeinen Rundschau« Nürnberg über die Kundgebung für Landesbischof Hans Meiser am 16. September 1934 in München.

Landeskirchen hinsichtlich ihrer Gesetzgebungsgewalt der Deutschen Evangelischen Kirche unterstellt und die Landesbischöfe an die Weisungen des Reichsbischofs gebunden.«

Doch dieser Angriff führt nur zur Solidarisierung der evangelischen Christen in Bayern mit ihrer Kirche und ihrem Landesbischof. In allen Teilen Bayerns werden Hunderte von Gebets- und Bekenntnisgottesdiensten gehalten. Protesterklärungen werden von den Kanzeln verlesen und es kommt zu spontanen Großdemonstrationen in Augsburg, Nürnberg – und auch in München (am 16. September 1934 Bekenntnisgottesdienst in der Matthäuskirche).

Dekan Friedrich Langenfaß und Landesbischof D. Hans Meiser (rechts).

Landesbischof Hans Meiser auf dem Balkon seiner Diensträume nach dem Bekenntnisgottesdienst in der Matthäuskirche am 16. September 1934.

1.6 Die Besetzung des Landeskirchenrats

Und dann passiert doch ganz überraschend, womit man seit längerem rechnen musste: der Überfall auf den Landeskirchenrat in München am 11. Oktober 1934.[19] Gegen 12 Uhr kommt Rechtswalter Jäger mit Rückendeckung des »Braunen Hauses« und der Politischen Polizei, begleitet von etwa sechs Gestapoleuten aus Berlin, und besetzt die Amtsräume in der Arcisstraße. Die Oberkirchenräte werden beurlaubt und mit Rede- und Predigtverbot belegt. Die Angestellten und Beamten müssen sich den Anweisungen fügen und die Hilfsreferenten sowie andere anwesende Pfarrer werden gemaßregelt. Vor allem wird auch über den Leiter der Evangelischen Pressestelle, Vikar Gerhard Hildmann, Ehrenhaft verhängt. Tag und Nacht wird er in seinem Zimmer bewacht, bis ihm die Flucht gelingt. So soll sichergestellt werden, dass keine Nachrichten aus dem Landeskirchenamt nach außen dringen.[20]

Und der Landesbischof, um den es den Herren eigentlich geht? Der ist, aus Rothenburg kommend, im Zug unterwegs nach München, also nicht greifbar. Nach diesem Überfall entfalten die Münchner konspirative Fähigkeiten (besonders Dekan Friedrich Langenfaß zeigt sich geschickt).

In fieberhafter Eile beraumt man einen Bekenntnisgottesdienst in der Matthäuskirche an, zu dem die ganze Münchner Gemeinde mobilisiert wird. Gleichzeitig wird der Landesbischof in Augsburg aus dem Zug geholt und dann von seinem persönlichen Referenten Vikar Eduard Putz mit einem Pkw auf Umwegen nach München in die Matthäuskirche gebracht. Er kann ohne Störung seine Predigt über Hebräer 10, 38–39 halten: »Wer aber weichen wird, an dem wird meine Seele keinen Gefallen haben. Wir aber sind nicht von denen, die da weichen und verdammt werden, sondern von denen, die da glauben und die Seele erretten.«

Nach der Predigt tritt Dekan D. Langenfaß an den Altar und erklärt im Namen der Münchner Pfarrer, sie würden geschlossen dem Landesbischof auf seinem Wege folgen, möge kommen, was da wolle. Der Augenzeuge Pfarrer Julius Schieder berichtet weiter vom Geschehen an diesem Abend:

> »Nach diesem Gottesdienst kommt die ungeheure Erregung, in der sich das evangelische Kirchenvolk befindet, zu gewaltigem Ausdruck. Eine unübersehbare Menge wartet am Ausgang auf den Landesbischof Meiser und empfängt ihn mit brausenden Heilrufen und Sprechchören:

›Wir wollen Meiser! Festbleiben, festbleiben, Meiser! Wir lassen Meiser nicht verhaften!‹ Nur mühsam kann sich das Auto eine Gasse durch die Menschenmenge bahnen, die den Landesbischof immer wieder mit neuen Liedern und Zurufen grüßt. Schließlich wird die Ansammlung vom Überfallkommando aufgelöst. Inzwischen hat sich in der Arcisstraße vor dem besetzten Landeskirchenrat ebenfalls eine große Menschenmenge eingefunden, die schließlich unter den Rufen: ›Meiser! Meiser! Wir wollen unseren Bischof noch einmal sehen!‹ in den Hof des Landeskirchenrats eindringt. Als der Landesbischof die Menge bitten läßt, ruhig nach Hause zu gehen, wird das Lied angestimmt: ›Erhalt uns Herr, bei deinem Wort.‹«[21]

Am nächsten Tag wird Landesbischof D. Hans Meiser in seiner Wohnung im Gebäude des Landeskirchenrats interniert. Er weigert sich aber, trotz der Androhung wochenlanger Haft, die Absetzungsurkunde zu unterschreiben. Das ist der Widerstand, den er leisten kann. Die Gestapoleute werden durch die bayerische Landespolizei ersetzt. Die

Dienstgebäude des Münchner Landeskirchenrats ab 1929, ehemals Arcisstraße 13, dann Meiserstraße, heute Katharina-von-Bora-Straße 11–13. Es beherbergte auch die Dienstwohnung des Landesbischofs.

Dieses Foto wird üblicherweise mit Meisers Inhaftierung nach dem 11. Oktober 1934 in Verbindung gebracht. Das ist aber unzutreffend. Während seines Hausarrestes hatte der Landesbischof keinen Zutritt zu den Amtsräumen, also auch nicht zu diesem Balkon. Vermutlich stammt dieses Bild vom 16. September. Falsch ist auch, Meisers Winken und Grüßen – unmittelbar nach dem Bekenntnisgottesdienst (!) – als Hitlergruß zu interpretieren. Diesen Gruß hat Meiser grundsätzlich vermieden.

bayerische Landeskirche aber teilt man in zwei Kirchengebiete auf, in Altbayern mit Pfarrer Hans Gollwitzer und in Franken mit Pfarrer Hans Sommerer als kommissarische Bischöfe.

Was nun anschließend erfolgt, ist ein einmaliger Vorgang. Einerseits dürfen in der kirchlichen Presse keine Berichte über diese Ereignisse mehr abgedruckt werden (für Sonntag, den 14. Oktober wird die Herausgabe des Evangelischen Gemeindeblattes für München ganz untersagt), andererseits geht die Nachricht von der Verhaftung des Landesbischofs am 12. Oktober wie ein Lauffeuer durch die bayerischen Gemeinden und es kommt sofort ein Sturm der Entrüstung auf. Noch am gleichen Abend werden im ganzen Land Bekenntnisgottesdienste gehalten. Auch in München (Pfarrer Ernst Kutter berichtet von einem bewegenden Gottesdienst in der Christuskirche).

Sonderzug aus Nürnberg am Hauptbahnhof. Am 21. Oktober führte der Nürnberger Siemens-Ingenieur Wolfgang Rhode einen Sonderzug mit 900 Gläubigen nach München, um dem Protest gegen die Besetzung des Landeskirchenrates und der Inhaftierung des Landesbischofs Nachdruck zu verleihen.

Nürnberger Gemeindeglieder vor der Matthäuskirche in München.

1.7 Der Münchner Aufruhr

Bei diesen Bekenntnis- und Gebetsgottesdiensten bleibt es nicht. Die Nürnberger Gemeindevertreter protestierten unmittelbar bei Gauleiter Julius Streicher gegen die Zerschlagung der bayerischen Landeskirche durch die Reichskirchenregierung und von allen Seiten wurden Protestschreiben an die bayerische Regierung geschickt. Die Erlanger theologische Fakultät machte den Anfang, dann kamen die 30 mutigen Professoren der Münchner Hochschulen, die mit ihren Äußerungen durchaus ihre Existenz aufs Spiel setzten. Die Münchner Gemeinden legten ihre Protestlisten mit Tausenden von Unterschriften vor.

Schließlich ziehen die fränkischen Gemeindeabordnungen nach München. Bis zum 27. Oktober sind es möglicherweise 23! Der Siemens-Ingenieur und Physiker Dr. Wolfgang Rhode führt sogar einen Sonderzug mit 900 Nürnberger Gemeindegliedern nach München. Obwohl es ihnen nicht erlaubt ist, dringen sie in den Hof des Landeskirchenrats in der Arcisstraße ein und feiern – mit Landesbischof Hans Meiser auf dem Balkon seiner Dienstwohnung – einen Gottesdienst.

An seine Pfarrer aber wendet sich Meiser am 16. Oktober 1934 mit einem Rundschreiben. Vikaren gelingt es, diese Botschaft aus dem besetzten Haus zu schmuggeln.

> *Liebe Herren und Brüder im Amt!*
> *Sie stehen mit mir noch unter dem ersten schmerzlichen und erschütternden Eindruck des schweren Unrechts, das durch den Gewaltakt der Reichskirchenregierung an unserer heimatlichen Kirche verübt worden ist. Noch nie, seit wir dieser Kirche dienen, ist solches Leid über sie gekommen und wir ringen darum, es uns nicht zur Glaubensanfechtung werden zu lassen.* […]
> *Von dem beschrittenen Weg kann uns die Gewaltanwendung und der Rechtsbruch der Reichskirchenregierung umso weniger abbringen, als ja unser Kampf gerade den*

Gewaltmethoden und den Rechtsverletzungen in der Kirche gilt. [...]
In Fragen des Glaubens und des Gewissens gibt es kein Paktieren. Hier gilt nur der klare Befehl Gottes, wenn wir uns nicht selbst verwerflich machen wollen. [...]
Daß ich als ein der Freiheit Beraubter Ihnen schreiben muß, kann ich nicht verschweigen. Aber bin ich auch der Freiheit beraubt, so bin ich doch nicht meiner Entschlossenheit und meiner Zuversicht beraubt. [...]
Lassen Sie uns im Gebet für unsere Kirche nicht erlahmen; Drohungen sollen uns nicht einschüchtern, Bedrückungen nicht müde machen. Wenn nur Gottes Wille geschieht und seine Sache zum Ziel kommt![22]

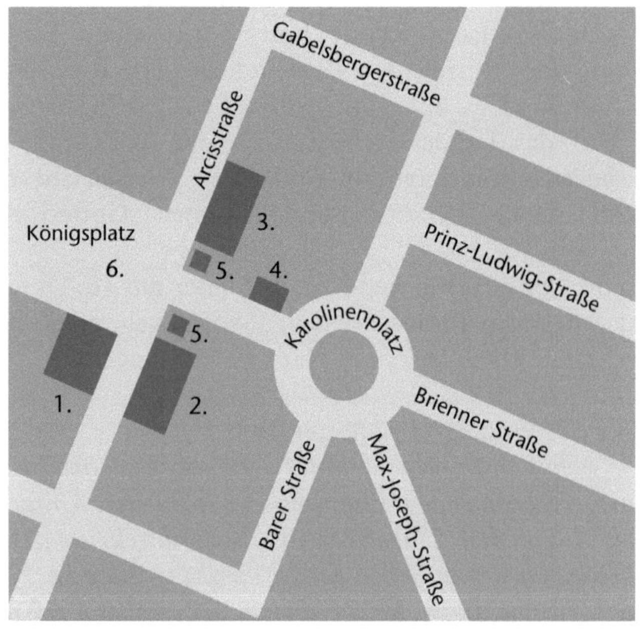

»Braune« Umgebung: Nach 1933 wird der Landeskirchenrat (1) in der Arcisstraße 13 von den Ämtern und Gebäuden des Nationalsozialismus geradezu eingekesselt. In unmittelbarer Umgebung: Verwaltungsbau der NSDAP (2), Führerbau (3), »Braunes Haus« (4), »Ehrentempel« (5), Aufmarschgelände Königsplatz (6).

In diesem Schreiben bittet Landesbischof Meiser zwar auch, alles zu vermeiden, was den Eindruck erwecken könnte, der Kampf der Kirche richte sich gegen den nationalsozialistischen Staat. Dennoch erregt dieser kirchliche Aufstand in der noch nicht gefestigten Hitler-Dikatur ein eminentes politisches Aufsehen. Keinesfalls war er nur ein »frommer Volksaufstand« (Nicolaisen), eher trifft die Kennzeichnung »kirchliche Meuterei großen Stils« zu. (Später als Vorwurf der bayerischen NS-Synodalen gegen die »Barmer Erklärung« benutzt.)

Zwischenzeitlich versuchen andere Abordnungen in die Zentren der nationalsozialistischen Machthaber vorzudringen: zum Reichsstatthalter Franz von Epp, zu Ministerpräsident Ludwig Siebert, Innenminister Adolf Wagner und Kultusminister Hans Schemm (die übrigens über Jägers Vorgehen nicht informiert waren!). Auch in das »Braune Haus« wagt man sich vor und legt überall heftigen Protest ein.

Zum Teil werden die Abordnungen, in denen sich zahlreiche Bauern befinden (die erste Abordnung aus Mittelfranken weiß 60 000 Bauern hinter sich), mit Verständnis empfangen, so von Ministerpräsident Siebert und von Reichsstatthalter von Epp. In keinem Fall aber können sie die Zusage aushandeln, dass ihr Landesbischof wieder freigesetzt wird. Eine fränkische Abordnung kann am 29. Oktober sogar zum Führer nach Berlin vordringen, wird auch von Hauptmann Hermann von Detten, dem Berater Hitlers in religiösen Fragen, empfangen, aber Reichsleiter Martin Bormann verhindert eine Audienz bei Hitler. Möglicherweise hatte sich ja der Einbruch in die Bayerische Landeskirche auf unmittelbare Weisung Hitlers hin ereignet.[23]

Doch die Dinge erhalten bereits eine kaum mehr erwartete Wendung. Am 26. Oktober werden die Landesbischöfe D. Theophil Wurm (Württemberg), D. August Marahrens (Hannover) und D. Hans Meiser (Bayern) telegrafisch zu einer Besprechung mit dem Führer und dem Reichsinnenminister Wilhelm Frick für den 30. Oktober nach Berlin

Amtsblatt

für die Evangelisch-Lutherische Kirche in Bayern rechts des Rheins.

Amtlich herausgegeben vom Evangelisch-Lutherischen Landeskirchenrat in München.

München | Nr. 35 | 2. November 1934

Inhalt: Kundgebung. – Dienstbetrieb des Ev.-Luth. Landeskirchenrats.

Nr. 7294. Betreff: Kundgebung.

Die nachstehende Kundgebung des Herrn Landesbischofs ist am Reformationsfest im Hauptgottesdienst sämtlichen Gemeinden bekanntzugeben; wo sie nicht rechtzeitig mehr eintrifft oder in Gemeinden, in denen am Reformationssonntag kein Gottesdienst stattfindet, ist sie am darauffolgenden Sonntag zu verlesen.

Evang.-Luth. Landeskirchenrat.
J. V.: Böhner.

Kundgebung.

Nachdem ich durch den rechtswidrigen Gewaltakt der Reichskirchenregierung gegen unsere Landeskirche vorübergehend an der Ausübung meines bischöflichen Amtes verhindert war, habe ich es am vergangenen Donnerstag im vollen Umfang wieder übernommen. Vom gleichen Tage an übt der Landeskirchenrat seine sämtlichen ihm zustehenden Befugnisse in der alten Weise aus. Dadurch sind die verfassungsmäßigen Zustände in unserer Landeskirche wieder hergestellt.

Ich kann das den Gemeinden nicht mitteilen, ohne sie gleichzeitig bewegten Herzens zum Dank gegen Gott aufzurufen. Die Bedrängnis der vergangenen Wochen war groß. Unsere Gemeinden sind aufs tiefste erschüttert worden, aber Gott hat sich uns als eine feste Burg erwiesen und wir haben ihn kennenlernen dürfen als einen Gott, der Gebete erhört und mit seiner Hilfe nahe ist. Darum wollen wir seinen Namen ehren und sein Lob verkündigen.

Es drängt mich in dieser Stunde auch, allen Pfarrern, Kirchenvorstehern und Gemeinden, die für die bedrängte Kirche in vorbildlicher Geschlossenheit, Standhaftigkeit und Treue eingetreten sind, öffentlich zu danken. Was in diesen Wochen an Liebe zur Kirche, an Treue gegen das Erbe der Väter und an freudigem Bekennermut offenbar geworden ist, wird unvergessen sein. Die nachfolgenden Geschlechter werden sich daran aufrichten.

Noch ist das endgültige Ziel nicht erreicht. Es mag sein, daß wir in neue Schwierigkeiten hineingeführt werden. Aber wir haben die freudige Hoffnung, daß uns der Gott, der uns bis hierher gebracht hat, auch in Zukunft nicht zuschanden werden läßt. Für alles, was noch kommen mag an Kampf, Anfechtung und Bedrängnis ruft uns der heutige Reformationstag die Losung zu:

Sei Gott getreu, sein liebes Wort standhaftig zu bekennen;
steh fest darauf an allem Ort, laß dich davon nicht trennen!
Was diese Welt in Armen hält, muß alles noch vergehen;
sein liebes Wort bleibt ewig fort ohn alles Wanken stehen.

Kundgebung von Landesbischof Hans Meiser am 2. November 1934 nach seiner erneuten Amtsaufnahme.

eingeladen.[24] Damit ist faktisch die Inhaftierung Meisers aufgehoben. Gleichzeitig wird bekannt, dass August Jäger, der Rechtswalter des Reichsbischofs, am 27. Oktober von seinem Amt zurückgetreten ist. Jäger entmachtet – und die Bischöfe frei! Hier kann man sich daran erinnern, dass Pfarrer Julius Sammetreuther (1883–1939) mit seiner Matthäusgemeinde den Sonntagsgottesdienst am 14. Oktober ebenfalls in den Hof des Landeskirchenrats verlegt und über Psalm 91 gepredigt hat. Vers 3: »Denn er errettet mich vom Strick des Jägers.« Die Aktualität dieses Gotteswortes hat damals alle Herzen berührt, berichtete Gertrud Langenfaß als Augenzeugin.

Am 4. November läuten erstmals seit drei Wochen wieder die Glocken, brennen die Altarkerzen wieder, weichen die schwarzen Paramente an Altar und Kanzel den farbigen des Reformationsfestes. Der Aufstand in München erreicht sein Ziel: Am 1. November wird das Gebäude des Landeskirchenrats wieder von seiner alten rechtmäßigen Kirchenleitung bezogen und Landesbischof D. Meiser nimmt seine Amtsgeschäfte wieder auf.[25]

Damit waren aber auch alle Bemühungen des Reichsbischofs und seines Kirchenregiments gescheitert, die Kirchen Württembergs, Hannovers und Bayerns gewaltsam in eine von »Deutschen Christen« regierte Reichskirche einzugliedern und gleichzuschalten. An der Treue der Gemeinden und ihren Pfarrern zum angestammten Glauben und zu ihrer Kirche zerbrachen alle Bemühungen der Nationalsozialisten und ihrer kirchlichen Marionetten.

Im Grunde genommen war dieses kirchliche Geschehen die erste innenpolitische Niederlage Hitlers selbst. Er musste einsehen, dass seine Erwartungen, die er an Reichsbischof und Deutsche Christen geknüpft hatte, eine staatskonforme evangelische Reichskirche zu schaffen, nicht zu realisieren waren. In seiner Verärgerung drohte er, den Kirchen die althergebrachten staatlichen Zuschüsse zu streichen. Jedenfalls erklärte er den Bischöfen, »kein weiteres Interesse mehr an den Vorgängen in der Deutschen Evangelischen Kirche zu nehmen«. Dass er die Kirchen nach dem Kriege ausradieren wollte, zeigen entsprechende Äußerungen:[26]

Hitlers Stellung zum Christentum

»Eine deutsche Kirche, ein deutsches Christentum: totaler Unsinn. Man ist entweder ein guter Deutscher oder ein guter Christ. Aber beides zugleich kann man nicht sein. Die Geistlichen müssen ihr eigenes Grab schaufeln.

Sie werden von sich aus ihren Glauben verkaufen; um ihre Stellung und ihr kärgliches Gehalt zu behalten, werden sie in alles einwilligen. Welches Programm werden wir nun verfolgen? Haarscharf das der katholischen Kirche, als sie ihren Glauben den Heiden aufzwang. Halten, was man halten kann, sonst aber reformieren. Ostern würde zum Beispiel nicht mehr Auferstehung bedeuten, sondern die ewige Erneuerung unseres Volkes. Weihnachten wird die Geburt unseres Erlösers sein, das heißt des Heldengeistes und des Geistes der Freiheit. Wir brauchen nur zu wollen, dann wird unser eigener Kult in den Kirchen gefeiert werden. Aber das gilt noch nicht für heute. Im Augenblick kann man die Dinge ruhig ihren Weg gehen lassen. Doch das wird nicht bleiben! Die Dunkelmänner brauchen sich nichts vorzumachen Ihre Zeit ist dahin.«[27]

Bekenntnisgemeinschaft (Ort) Arbeitsgemeinschaft der Evang. Luth. Gesamtgemeinde Augsburg

Mitgliedskarte

für Frau Hildegard Ölschleger

in Augsburg, Kanalstraße
(Ort) (Wohnung)

Siegel des Pfarramts

Unterschrift des Gemeindegruppenleiters

Dienet einander, ein jeglicher mit der Gabe, die er empfangen hat.
1. Petrus 4, 10

In der ganzen Landeskirche bildeten sich Bekenntnisgemeinschaften, die sich durch Mitgliedskarten wie diese auswiesen.

Wandanschrift der Gegner der Bekenntnisfront.

Am 27. Oktober 1934 stellte auch das Amtsgericht Nürnberg fest, dass sämtliche Maßnahmen der Reichskirchenregierung in Bayern ungesetzlich waren (ein erstaunlich mutiges Urteil!).[28] Jetzt sahen sich Kirchenleitung, Pfarrer und Gemeinden, die immer wieder gegen reichskirchliche Maßnahmen protestiert hatten und deshalb als »Separatisten«, »Reaktionäre« oder gar »Verräter am deutschen Volk« verleumdet worden waren, voll rehabilitiert und bestätigt. Man hatte erfolgreich Widerstand geleistet – ohne die Loyalität gegenüber dem nationalsozialistischen Staat aufzukündigen. Taktiert hatte man gegenüber der nationalsozialistischen Macht, aber nicht mit ihr paktiert.

Das, was bisher hier geschildert wurde, war also der evangelische Widerstand 1933/1934. Es ist festzustellen: Das war weder Widerstand gegen

- die Errichtung des KZ Dachau (21. März 1933),
- noch gegen die willkürliche Inhaftierung von Regimegegnern,
- noch gegen die Übergriffe auf die jüdische Bevölkerung.

Doch auch den gibt es, als Meiser am 21. März 1934 schriftlich beim bayerischen Ministerpräsidenten Siebert gegen einen Boykottaufruf der Nationalsozialisten gegenüber den Juden in Ansbach protestiert. Und das ist sogar der erste öffentliche Protest gegen die grausame Behandlung der Juden überhaupt![29]

Die NSDAP-Kreisleitung Ansbach-Feuchtwangen ruft im März 1934 die Bevölkerung zu einem totalen Boykott jüdischer Menschen und ihrer Geschäfte auf, verbunden mit einer schriftlichen Selbstverpflichtung. Dagegen protestiert Landesbischof Meiser in einem Schreiben vom 27. März 1934 an Ministerpräsident Siebert:

»In der Anlage beehren wir uns Abschrift eines Handzettels der Kreisleitung Ansbach-Feuchtwangen der NSDAP zu übersenden, der in Ansbach von Haus zu Haus getragen wird. Wir sind davon unterrichtet, dass die Aufforderung zur Unterzeichnung des Handzettels im weiten Kreisen ungeheure Erregung hervorgerufen hat. Wir wollen darauf verzichten des näheren auszuführen, in welch krasser Weise die Aufforderung zu der gesellschaftlichen und wirschaftlichen Schädigung der Juden den Gesetzen christlichen Handelns zuwiderläuft, wir halten uns aber für verpflichtet, darauf hinzuwei-

2007 wird aus der Meiser- die Katharina-von-Bora-Straße.

sen, dass das in der Aufforderung enthaltene Ansinnen gerade die besten Teile der Bevölkerung, die sich aus voller Überzeugung dem Nationalsozialismus und dem Dritten Reich erschlossen haben, in einen unerträglichen Gewissenskonflikt bringt und damit wohl vielfach in eine ablehnende Haltung gegenüber dem heutigen Staat. Wir bitten mit allem Ernst, dahin zu wirken, dass die Verbreitung der Aufforderung unverzüglich eingestellt wird, damit nicht unabsehbarer Schaden erwachse.«[30]

Noch einmal: Es war ein Widerstand, der primär dem Erhalt der Kirche und ihres Bekenntnisses galt. Und doch hatte dieser Widerstand überragende Bedeutung: Er konterkarierte ja Hitlers gesamte Kirchenpolitik und stellte gleichzeitig die erste und wohl einzige innenpolitische Niederlage Hitlers dar. Wie kommen da manche Kritiker, wie zum Beispiel Oberbürgermeister Christian Ude im Münchner Stadtrat, dazu, diese Ereignisse als Marginalie abzutun und sie als unerheblich für die Diskussion um die Umbenennung der Meiserstraße zu betrachten? – Liegt nicht eine große Ungerechtigkeit und Missachtung Meisers darin, ihn, den Träger dieses Widerstandes, als »nicht geeignet für die höchste Ehrung in Form einer Straßenbenennung« zu verurteilen? (So geschehen in der Sitzung des Münchner Stadtrates am 18. Juli 2007.)

Nach 1945 genießt der bayerische Landesbischof D. Hans Meiser wegen seiner Standhaftigkeit während des »Dritten Reichs« ungeteilte Anerkennung und Verehrung. Mit den besten Wünschen zu Meisers 69. Geburtstag verbindet der Vorsitzende der Israelitischen Kultusgemeinde in Bayern Aaron Ohrenstein diese Worte: »In einer Zeit, in der die Welt so arm ist an wirklichen Persönlichkeiten, empfindet man es ganz besonders, wenn man einer solchen Persönlichkeit wie Ihnen begegnet. Ich hatte nun das Glück und bin dem Schicksal für diese Fügung besonders dankbar.«

Der Münchner Oberbürgermeister Thomas Wimmer gratuliert Meiser zum 70. Geburtstag in Anerkennung seiner Verdienste: »Mit seltenem Bekennermut leisteten Sie in der schweren Zeit diktatorischer Willkür unerschrockenen Widerstand und gaben damit Ungezählten ein leuchtendes Vorbild. Vor allem traten Sie mit äußerster Entschiedenheit für den Erhalt der Matthäuskirche ein.«

Und im Nachruf auf den im Juni 1956 verstorbenen Landesbischof stellt Oberbürgermeister Wimmer im Stadtrat fest, dass die Stadt »dem Verstorbenen für alle Zeiten ein ehrendes Andenken bewahren« und in München eine Straße nach Meiser benannt werde. So geschieht es. Der Teil der Arcisstraße, in dem sich das Amtsgebäude der Landeskirche befindet und in dem sich auch der Aufstand 1934 abgespielt hat, wird in »Meiserstraße« umbenannt.

In den folgenden Jahren schließen sich mehrere bayerische Städte diesem Vorgehen an und benennen Straßen nach Meiser. Neben diesen Straßenbenennungen werden dem bayerischen Landesbischof auch zahlreiche andere Ehrungen zuteil.

Am 18. Juli 2007 aber beschließt der Münchner Stadtrat mit der Mehrheit der Fraktionen von SPD und Bündnis 90/Die Grünen, all diese Ehrungen zu ignorieren und die Meiserstraße zu entnennen. Bei der nachfolgenden Umbenennung setzt sich das Evangelisch-Lutherische Dekanat mit dem Namen von Martin Luthers Frau durch: Katharina-von-Bora. So kommt man von dem angeblich antisemitischen Landesbischof D. Hans Meiser zu der ganz sicher judenfeindlichen Katharina von Bora.

2 Widerstand in der kalten Phase des Kirchenkampfs

Hitlers erste politische Niederlage ist auch ein Sieg der Münchner Gemeinde. Aber dabei soll es nicht bleiben.

Der Landesbischof
der Evangelisch-Lutherischen Kirche in Bayern r. d. Rhs.
*
München, Arcisstraße 13, Fernruf 52002

München, 2. Juli 1937.

Vollmacht

Für den Fall, daß ich durch unvorhergesehene Ereignisse in der Ausübung meines Amtes behindert bin und auch die übrigen verfassungsmäßig zu meiner Vertretung berufenen Mitglieder des Landeskirchenrates diese Vertretung nicht ausüben können, bevollmächtige ich auf die Dauer meiner Behinderung den Vorsitzenden des Landessynodalausschusses, Herrn Pfarrer Wilhelm B o g n e r in Augsburg, die mir nach der Verfassung zustehenden Rechte als Kirchenpräsident bezw. Landesbischof wahrzunehmen.

D. Meiser

Vollmacht von Landesbischof Hans Meiser.

Hitler ist nachtragend und nach seinen Vorstellungen soll die Kirche nun durch administrative Unterdrückungsmaßnahmen so weit wie möglich aus dem öffentlichen Leben verdrängt werden. Die Endabrechnung mit der Kirche würde später erfolgen. So versetzt sein Regime den Kirchengemeinden und der Kirche insgesamt schmerzliche Schläge, die oft genug Niederlagen gleichkommen. Und die Reaktionen darauf innerhalb der Kirche sind sehr unterschiedlich. Hinnahme und Widerstand finden sich gleichermaßen.

Im Juni/Juli 1937 verschärfen sich die Angriffe der Nationalsozialisten gegen die Kirche. So wird Landesbischof Meiser am 8. Mai mit Redeverbot aus Thüringen ausgewiesen. Am 20. Juni kommt es zu Verhaftungen zahlreicher Pfarrer wegen Nichtbeflaggung von kirchlichen Gebäuden. Die Gestapo nimmt am 23. Juni in Berlin acht Mitglieder des Reichsbruderrates fest und am 1. Juli wird auch Kirchenpräsident Martin Niemöller inhaftiert. Jetzt glaubt man in Bayern, die Ereignisse von 1934 (Besetzung des Landeskirchenrates) könnten sich wiederholen. In dieser angespannten Situation sieht sich Landesbischof D. Meiser am 2. Juli genötigt, ein dienstliches Testament zu verfassen. Für den Fall seiner Verhaftung soll Pfarrer Wilhelm Bogner in Augsburg seine bischöflichen Verpflichtungen übernehmen.

2.1 Julius Sammetreuther

Einer, der als Pfarrer den Widerstand in München mit anführt, ist Julius Sammetreuther, ab 1926 Gemeindepfarrer an der St. Matthäuskirche (ab 1935 Oberkirchenrat). Er gehört zu den wichtigen Mitgliedern der im Mai 1934 gegründeten Pfarrerbruderschaft, die sich zu brüderlicher Unterstützung, zur Sammlung und Schulung der Gemeinden und zum Kampf gegen die Irrlehren der »Deutschen Christen« zusammenfindet. Während der Inhaftierung des Landesbischofs hat er den Mut, mit seiner Gemeinde im Hof des Landeskirchenrats (mit Meiser auf dem Balkon)

Von rechts nach links: Pfarrer Heinrich Riedel, Pfarrer Otto Riethmüller, Oberkirchenrat Julius Sammetreuther in Eichenau 1927.

Gottesdienst zu feiern (siehe Abb. S. 26).
Am 22. April 1934, als Meiser in Ulm die Erklärung der Bekenntniskirche verliest, veröffentlicht Sammetreuther seine Kampfschrift gegen die »Deutschen Christen«: »Die falsche Lehre der ›Deutschen Christen‹«. Als Kampfschrift werden auch seine Bekenntnispredigten (1934/1935) und seine Predigtmeditationen[31] verstanden, die Albert Lempp (1884–1943) im Christian Kaiser Verlag veröffentlicht. Besonders sie müssen den Zorn der »Deutschen Christen«, aber auch der Gestapo erregen, denn hier finden sich Sätze, die in deutlichem Gegensatz zur Ideologie des Nationalsozialismus stehen:

> »Nicht Blut und Rasse sind ewig, sondern die Gemeinschaft derer, ›die den Willen tun meines Vaters im Himmel, die sprechen, nicht wie ich will, sondern wie Du willst.‹ […]
> Und es ist gerade in heutiger Zeit aller Anlaß, die Mahnung Jesu ernst zu nehmen und einzuprägen. Z.B. inbezug auf die Judenfrage: Der Staat kann gezwungen sein, um der Erhaltung des Volkes willen, hart gegen die Juden zu sein. Aber wer als Privatmensch die Juden haßt, verfolgt, beleidigt, diffamiert, der muß von dem Wort getroffen werden: ›wisset ihr nicht, welches Geistes Kinder ihr seid?‹ […]
> Die Taufe löscht alle menschlichen Gegebenheiten aus

Oberkirchenrat Julius Sammetreuther.

und macht sie bedeutungslos für die Ebene, in der die Gemeinde lebt. Hier muß in dieser Zeit geredet werden über die Judentaufe, auch über die Bedeutung der Rasse in der Kirche. Daß die Kirche sich selber aufgeben, das Sakrament völlig verleugnen würde, wenn sie nicht unterschiedslos jeden taufen würde, dem durch den Heiligen Geist der Glaube geschenkt wird.«

Es ist nicht überraschend, dass Julis Sammetreuther, nun als Oberkirchenrat, vom 4. Juli 1935 bis 19. August 1936 Redeverbot erhält.[32]

2.2 Verbotene Jugendarbeit

Nach der Eingliederung der evangelischen Jugendverbände in die Hitler-Jugend, die Reichsjugendführer Baldur von Schirach und Reichsbischof Ludwig Müller am 19. Dezember 1933 vereinbaren, häufen sich die Repressalien und Einschränkungen für die kirchliche Jugendarbeit. Geländesportliche und politische Erziehung sind in der Gemeindejugend unter 18 Jahren von Anfang an verboten. Am 23. Juli 1935 verschärft der Reichsführer der SS Heinrich Himmler dieses Verbot, als er der konfessionellen Jugend jede Betätigung untersagt, die nicht rein kirchlicher Art ist. Und am 2. Mai 1936 ergeht durch die bayerische Politische Polizei das allgemeine Verbot religiöser Veranstaltungen in der Öffentlichkeit, außer in Kirchengebäuden. Wo soll sich die evangelische Gemeindejugend da noch bewegen können? Aber Jugendpfarrer Leonhard Henninger (1909–1985) will sich diesen Anordnungen nicht einfach fügen.

Freizeitenkirche und Freizeitenheim Eichenau, eingeweiht am 4. Juli 1937.

Er ist geschickt und tatkräftig genug, in der Eichenau eine Jugend- und Freizeitkirche zu errichten, die formal den behördlichen Vorschriften entspricht und trotzdem Jugendarbeit ermöglicht. Im Gemeindebrief der evangelischen Pfarrei Eichenau von 1983 berichtet er, wie es dazu kam: »Ja, dann habe ich das halt durchgedacht in der Nacht und dann ist mir der Gedanke gekommen. Die Nationalsozialisten haben vor allem, was geweiht ist, noch einen kleinen Respekt gehabt. Da haben sie nicht gleich hingelangt.

Pfarrer Leonhard Henninger und Dekan Langenfaß (?) mit Konfirmandinnen vor dem Freizeitheim Eichenau.

Pfarrer Henninger mit Teilnehmerinnen bei einer Jugendfreizeit in Eichenau.

Also müssen wir etwas machen, was geweiht ist. Also: Was wird geweiht? Geweiht wird eine Kirche. Da kann man die Nebenräume dazu weihen. Machen wir also eine Kirche, machen wir eine Jugendkirche! Machen wir eine Freizeitenkirche! Mit entsprechenden Räumen […].«

Diese Kirche kann durch rasche Umstellungen in einen Tagungs- und Speiseraum umgestaltet werden. In weiteren Zimmern werden die nötigen Schlafräume für etwa 100 Jugendliche geschaffen. Und für diese Maßnahme findet er auch die Unterstützung seines Landesbischofs. Dass Kreisleiter Emmer – und damit die Partei – sich dann doch hintergangen fühlen, wird klar, als Emmer auf einer Versammlung in Bruck droht: »Ausgerechnet ein Sohn unserer Stadt baut da drinnen in der Eichenau ein konfessionelles Jugendzentrum. Ich werde dafür sorgen, dass er dahin kommt, wo er hingehört!« Dass er damit das KZ Dachau meinte liegt auf der Hand. Dazu kommt es aber nicht.[33]

Durch dieses mutige und widerstehende Handeln Henningers war es dem Dekanat München immerhin möglich, bis zum Jahr 1940 Kinder- und Jugendfreizeiten in der Eichenau abzuhalten. Erst als Himmler am 21. Juni 1940 das Verbot von Freizeiten auch auf Einkehrtage ausdehnt und Veranstaltungen für Erwachsene ebenfalls betroffen sind, muss die gesamte Arbeit in der Eichenau eingestellt werden.

2.3 Abriss der Matthäuskirche

Aus dieser Art des Kirchenkampfs sticht noch ein einzelnes Ereignis besonders heraus, das unmittelbar die Münchner Gemeinde betraf: der Abriss der St. Matthäuskirche.[34]

Die erste Vernichtung eines Gotteshauses erleben die Münchner bereits am 9. Juni 1938; da wird die Hauptsynagoge der jüdischen Gemeinde in der Herzog-Max-Straße (hinter dem Künstlerhaus) geräumt und dann vollständig abgetragen.

Bereits fünf (!) Tage später geht aber das Zerstörungswerk weiter. Jetzt ist die Matthäuskirche an der Reihe, das älteste und vertrauteste Gotteshaus der Münchner Protestanten. Die Ereignisse überstürzen sich. Am Donnerstag, dem 9. Juni wird der Pfarramtsleiter der St. Matthäuskirche Friedrich Loy (1886–1959) ins Innenministerium einbe-

Die St. Matthäuskirche in der Sonnenstraße wurde als erste evangelische Kirche in München 1833 erbaut. Sie war die Mutterkirche für alle Gemeinden in Oberbayern und Bischofskirche.

Innerhalb von vier Wochen vom Erdboden verschwunden: Abriss der St. Matthäuskirche, Juni 1938.

stellt, wo ihm Minister Adolf Wagner mitteilt: »Die Matthäuskirche wird abgebrochen, Zeit um Trinitatis, macht kein Geschrei!« Der Platz sei notwendig als Parkplatz und zur Durchführung des geplanten U-Bahnbaus. Der Abriss müsse sofort vorgenommen werden. Am Mittwoch, dem 15. Juni beginnen bereits die Abbrucharbeiten. Wie reagiert die Münchner Gemeinde auf diesen gewaltsamen Übergriff?

Am Freitag und Samstag versuchen Dekan D. Friedrich Langenfaß (aus dem Urlaub herbeigeeilt) und Landesbischof D. Hans Meiser noch durch Verhandlungen das drohende Unheil abzuwenden. Doch umsonst. Man muss sich der Anordnung von Kultusminister Adolf Wagner beugen. »Schweren Herzens« stimmt der Landesbischof zu (von gegenseitigem Einverständnis, wie der »Völkische Beobachter« am 14. Juni 1938 schreibt, kann keine Rede sein). Als Erfolg ist nur zu werten, dass der Gemeinde bei der baulichen Umgestaltung Münchens eine neue Kirche in Aussicht gestellt wird.

In seiner letzten Predigt am 12. Juni 1938 in der Matthäuskirche stellt Landesbischof Meiser fest:

> »Ernstlich haben die Vertreter der Gemeinde dem Ansinnen widerstrebt, die angestammte Kirche zum Opfer zu bringen. Aber der Zwang der Verhältnisse hat alles noch so feste Wollen zunichte gemacht. Niemand, der mich

kennt, kann glauben, daß mir die Zustimmung zu dieser Regelung leicht geworden ist. Ich kann sagen, dass ich in meinem ganzen Amtsleben nie eine Entscheidung habe treffen müssen, die mich tiefer bewegt und die mir schwerer gefallen ist. Aber ich habe mich nicht für berechtigt gehalten, ein unwiderrufliches Nein zu sagen, so sehr mir dieses Nein auf der Zunge lag, wo mir der ausdrückliche Wille entgegentrat, dass man doch in dieser Angelegen-

Abbruch der St. Matthäus-Kirche

Im Zuge des Neuausbaues der Hauptstadt der Bewegung ergibt sich die Notwendigkeit, die evangelische St. Matthäus-Kirche in der Sonnenstraße abzubrechen.

Nach einer eingehenden Rücksprache zwischen Gauleiter Staatsminister Adolf Wagner und dem Landesbischof D. Meiser wurden im gegenseitigen Einverständnis alle damit zusammenhängenden Fragen geklärt. Der evangelischen Gemeinde St. Matthäus wird bis auf weiteres zur Ausübung des Gottesdienstes der sogenannte Weiße Saal im Polizeipräsidium, der entsprechend würdig ausgestaltet wird, zur Verfügung gestellt.

Die Abbrucharbeiten sind bereits im Gange.

Pressemeldung im »Völkischen Beobachter« vom 14. Juni 1938.

heit zu einer Verständigung kommen möchte, nachdem die Tatsache unwiderruflich feststeht, daß an eine endgültige Erhaltung der Matthäuskirche nicht zu denken ist.«[35]

Pfarrer Friedrich Loy (links), erster Pfarrer der Matthäuskirche von 1935 bis 1956.

Einen letzten verzweifelten Versuch, die Matthäuskirche zu retten, unternimmt Pfarrer Karl Doerfler (1906–1968). Er sendet einen Brief an Reichsführer Heinrich Himmler, mit dem er persönlich bekannt ist.[36] Sicher tut er das in der Annahme, die Reichsführung wisse nichts von den Vorgängen in München, während manches dafür spricht, dass der Führer selbst der Initiator des Abrisses ist. Ist das die Rache Hitlers für seine politische Niederlage durch die Landeskirche 1934, als er die Absetzung Meisers rückgängig machen musste? Schon in einer Besprechung am 1. März 1937 zwischen Adolf Hitler, Oberbürgermeister Karl Fiehler und Christian Weber, dem Fraktionsführer der NSDAP im Münchner Stadtrat, spricht Hitler wiederholt aus, »dass die Matthäuskirche eines Tages weg muß, weil sie an und für sich verkehrshindernd da steht«.[37] Und ganz direkt stellt Pfarrer Friedrich Loy dann in seiner Predigt vom 19. Juni 1938 fest: »Unser Bischofsdom, die Matthäuskirche, die Mutterkirche aller Gemeinden im Oberland, muß auf Befehl des Führers abgebrochen und zerstört werden.«

Doch auch dieser letzte Versuch Pfarrer Doerflers bringt keinen Erfolg. Der nationalsozialistische Staat denkt ja nicht einmal ernsthaft an einen Nachfolgebau, trotz der ursprünglichen schriftlichen Versicherung Wagners. Einen eventuellen Neubau müsste die Kirche selbst finanzieren.

Man kann sich fragen, warum die Trauer und Enttäuschung der Münchner Protestanten nicht zur Empörung wurde. Warum gab es keine machtvolle Demonstration wie bei der Besetzung des Landeskirchenrates 1934, warum keinen öffentlichen Protest des Landeskirchenrates? Wäre hier nicht eine Gelegenheit gewesen, christlichen Widerstand einzuüben für die weit schrecklicheren Übergriffe, die noch im selben Jahr geschehen sollten (Reichspogromnacht)? Doch die Einschüchterung der Bevölkerung und die Angst vor Repressalien sind jetzt, 1938, überall zu spüren. Vom Abriss dürfen nicht einmal Fotos gemacht werden (die Nationalsozialisten selbst haben aber einen akribisch genauen Film darüber erstellt). Nach dem Verfasser eines anonymen Flugblattes gegen den Abriss fahndet die Gestapo lange in-

Pfarrer Karl Doerfler bei einer Konfirmation in der Matthäuskirche.

tensiv, mehrmals werden das Pfarramt von St. Matthäus und die Wohnung von Pfarrer Loy durchsucht. Vielleicht erklären diese Terrorakte (Abriss der Hauptsynagoge und der Matthäuskirche) auch, warum die Münchner Christen nicht mehr den Mut finden zu protestieren, als fünf Monate später die Reichspogromnacht beginnt.

Trotz seiner Erfolglosigkeit bleibt der Brief Pfarrer Karl Doerflers vom 14. Juni 1938 an Heinrich Himmler jedoch ein bewegendes Dokument möglichen Widerstandes in jenen Tagen:

Hochverehrter Herr Reichsführer!

Fassungslos und in tiefster Bestürzung wende ich mich an Sie, hochverehrter Herr Reichsführer; die Matthäuskirche, die evangelische Zentralkirche am Stachus muß bis zum Tag der deutschen Kunst ein Parkplatz sein. Ihr Abbruch ist im vollen Gange. Aber noch stehen die Mauern unversehrt. Ihre Sprengung ist in Aussicht genommen.
Am vergangenen Donnerstag wurde uns mitgeteilt, daß am Montag der Abbruch beginne. Folgende Begründungen: Wenn ein Blitz in die Kirche schlüge, dann hätten Sie auch keine Kirche. Sie ist mit königlichen Geldern gebaut, also kann der Staat sie niederreißen. Keine bindende Zusicherung auf ein neues Gotteshaus wurde gegeben. Keine Entschädigung, obwohl sie Eigentum der Gemeinde ist und sonntäglich von 1000 Leuten besucht war. Lediglich, man wolle sich um die seelsorglichen Bedürfnisse auch bei dem Umbau der Stadt München kümmern. Unser Landesbischof Meiser hat, der Zeit gehorchend, ja gesagt, denn ein Nein hätte den Abbruch nicht aufgehalten und nur die Spannung verschärft. Die Begründung, daß man für die U-Bahn den Platz brauche, besteht nicht zurecht, da man erst in 2 Jahren am Stachus zu arbeiten beginnt.
Wir wären ja bereit gewesen, aus dem Gotteshaus auszuziehen, wenn uns ein anderes, gleich groß und zentral gelegen, gebaut worden wäre. Das wäre im Lauf eines Jahres möglich. Aber so hat man innerhalb 4 Tage eine 15 000 Seelen-Gemeinde heimatlos gemacht und in einen viel zu kleinen Saal gepfercht.
Herr Reichsführer, was in diesen Tagen an Verbitterung, stummer und lauter Verzweiflung, Klage und Anklage

durch München und morgen durch Bayern geht, das zu beschreiben ist unmöglich. Nun wissen wir aus zuverlässiger Quelle, daß der Führer nicht wollte, daß man mit Zwang vorgeht und das Ganze ein Handeln des Herrn Innenministers Wagner ist.
In den beiden Abschiedsgottesdiensten, die von vielen Tausenden besucht waren, kam eine stumme und laute Verzweiflung zum Ausbruch, die das Herz des Führers hätte bewegen müssen, denn er will es nicht, daß sein Volk seelisch leidet und verkümmert. Welch ein Kapital an Liebe, Vertrauen wird da zerbrochen. Herr Reichsführer, wenn Sie Ihr Volk lieben, dann melden Sie diesen herzzerreißenden Jammer dem Führer. Man ist wie gelähmt über solch ein Vorgehen. Feste der deutschen Kunst sind vollkommen überflüssig, wenn ein Volk in seinen religiösen Gefühlen zertreten wird. Von dem Eindruck auf das Ausland will ich gar nicht reden. Kommen Sie nach München und besehen sie sich diesen Jammer der Kultur.
Nochmals betone ich, daß wir uns in ruhigen Verhandlungen nicht einer Verlegung der Matthäuskirche verschlossen hätten. Aber das ist unfaßbar. Ich beschwöre Sie, Herr Reichsführer, mit blutendem Herzen, helfen Sie doch Ihrem Volk.

In tiefer Bestürzung und in großem Vertrauen grüßt mit
Heil Hitler
Ihr ergebener
Karl Doerfler, Pfr.

Vikar Karl Steinbauer kommentiert diese Vorgänge in München und sagt, man hätte jede Zustimmung zum Abriss verweigern müssen, hätte sich auf keinerlei Verhandlungen einlassen dürfen. – Das ist bezeichnend für die Totalopposition des Penzberger Vikars Steinbauer, die offenbar nur ihm möglich war.

2.4 Briefwechsel Karl Doerfler – Heinrich Himmler

Dieses Schreiben Pfarrer Karl Doerflers zum Abriss der Matthäuskirche ist nicht der einzige Brief an den Reichsführer SS Heinrich Himmler. Eine regelrechte Korrespondenz liegt vor. All diese Briefe sind mit tiefster Ergebenheit formuliert und doch zeigen sie den beachtlichen Mut eines »Widerstehers«. Ansatzweise wird das deutlich im Zusammenhang mit dem Abriss der Matthäuskirche.

Noch deutlicher aber wird dieser Mut in den Schreiben, in denen Doerfler um die Freilassung Pastor Martin Niemöllers und später Pfarrer Robert Nitschmanns bittet.[38] Niemöller wird trotz richterlichen Freispruchs im KZ Sachsenhausen festgehalten.[39] Hier ein Auszug aus dem Schreiben für Niemöller:

München, den 5. März 1938

Hochverehrter Herr Reichsführer!

[...] *Wenn nun wirklich der deutsche Richter und seine Entscheidungen zu vorletzten Grössen gemacht werden, und anonyme politische Gewalten, deren Gesetze und Zielrichtungen niemand kennt, über dem Urteil eines deutschen Gerichtes stehen, so greift im deutschen Menschen ein tiefes Gefühl der Rechtsunsicherheit, vielleicht sogar der Rechtlosigkeit platz.* [...] *Haben Sie doch bitte, hochverehrter Herr Reichsführer, ein Verständnis dafür, dass wir, wenn wir nicht ehrlos und undeutsch werden sollten, gar nicht anders können als bis zum letzten für Niemöller einzutreten.* [...] *Der Schaden, der für den Staat durch die Verhaftung Niemöllers entsteht, ist ungleich grösser als der Gewinn daraus, dass Niemöller mundtot gemacht ist.* [...] *so bitte ich Sie denn, hochverehrter Herr Reichsführer, machen Sie diesen Schritt rückgängig.* [...] *Mit den besten Wünschen für Ihr persönliches Wohlergehen und mit aufrichtigem Dank für alles persönliche*

Wohlwollen grüße ich Sie, hochverehrter Herr Reichsführer, in Ehrerbietung mit

Heil Hitler!
Ihr treu ergebener
Karl Doerfler, Pfr.

Auf einer Fotografie aus dem Jahr 1936 (siehe rechts) hält Niemöller eine geheftete Schrift in der Hand. Es handelt sich um eine Vorlesungsreihe, die der Schweizer Theologe Karl Barth in Utrecht gehalten hat, nachdem er seinen Lehrauftrag an der Universität Bonn durch die Intervention der Nationalsozialisten verloren hatte. Die Schrift trägt den Titel »Credo« (»Ich glaube«). Veröffentlicht hat sie der Münchner Verleger Albert Lempp 1935 in seinem Christian Kaiser Verlag. Wegen dieser und weiterer Veröffentlichungen im Sinne der Bekennenden Kirche stand er schon früh unter Beobachtung der Reichsschrifttumskammer, bis sein Verlag dann im August 1943 zwangsweise geschlossen wurde.

2.5 Flugblatt für Martin Niemöller

Dass solch ein Schreiben sowie der Einsatz für Pfarrer Martin Niemöller damals nicht ungefährlich sind, zeigt die Situation, in welche Pfarrer Kurt Frör (1905–1980) und Diakon Georg Roth von der Christuskirchengemeinde sowie Vikar Walter Hildmann (Gauting) geraten.

Kurt Frör ist als mutiger Pfarrer der Bekennenden Kirche bereits in seiner Nürnberger Zeit der Politischen Polizei unliebsam aufgefallen und erhielt schon am 5. Juni 1935 Redeverbot. Ab 1936 in München, wird er immer wieder von der Gestapo vorgeladen und mehrfach in Polizeihaft genommen. Er muss sich rechtfertigen wegen der Versendung kirchlicher Flugblätter, wegen angeblicher Beamtennötigung (Eintreten für den verhafteten Pfarrer Kolb in Bad Kissingen) und wegen der Bekenntnisgottesdienste, die er

Pastor Martin Niemöller, Berlin-Dahlem, der Begründer des Pfarrernotbundes. Fotografie 1936.

1937 in Ostpreußen gehalten hat. 1938 stellt die Staatsanwaltschaft Strafantrag gegen ihn wegen der Broschüre »Die Babylonische Gefangenschaft der Kirche«.[40] Und nun kommt die Sache mit Pfarrer Niemöller dazu, der seit Februar 1938 im KZ Sachsenhausen einsitzt, ohne dass die Öffentlichkeit davon weiß.

Kurt Frör wird aus Nürnberg ein zweiseitiger anonymer Bericht über Martin Niemöller und sein Schicksal zugeschickt. In diesem Flugblatt werden die Fragen beantwortet, die auch die Münchner Gemeinden brennend interessieren: »Wer ist Martin Niemöller? Was tat Niemöller? Was ist mit Martin Niemöller geschehen? Was fordert die Lage von uns?«

Darin kommen kritische Sätze vor, die für die Nationalsozialisten unerträglich sind. Besonders die letzten Ausführungen erregen ihren Zorn:

> »Was fordert diese Lage von uns?
> Sie fordert, dass wir wissen, dass Martin Niemöller nicht als Einzelperson im Konzentrationslager sitzt, sondern, dass in ihm die ganze Bekennenende Kirche und alle, die für die Freiheit des Evangeliums in Deutschland kämpfen, ins Gefängnis geworfen sind. Sie fordert, dass wir nicht müde werden, für Martin Niemöller und alle Brüder der Kirche, die verfolgt werden, gefangen sind oder sonst leiden, zu beten. Diese Lage fordert, dass wir, wo wir stehen, nicht schweigen wie die Hunde, sondern reden, was Gott befohlen hat, und dass wir kämpfen für die Freiheit seiner Kirche und für die Geltung des Evangeliums in Deutschland. So lange Martin Niemöller im Konzentrationslager sitzt, ist vor uns ein weithin sichtbares Zeichen aufgerichtet, dass die Kirche Jesu Christi in Deutschland gefangen ist.
> Martin Niemöller hat es uns vorgelebt: ›Ich glaube, darum rede ich.‹ Darum: ›Fürchte dich nicht. Sondern rede und schweige nicht!‹«[41]

Pfarrer Kurt Frör (links), Christuskirche, ein mutiger Bekenner unter den Münchner Pfarrern. Wegen seines Einsatzes für Pfarrer Niemöller wurde gegen ihn vor Gericht verhandelt.

Dieses Flugblatt vervielfältigen Frör und Roth.[42]

Frör lässt 400 bis 500 Abzüge herstellen. 100 Exemplare gibt er an Vikar Gerhard Hildmann weiter. Und der händigt Abzüge an zwei Jungen in einer Jugendbesprechung aus. Diese Blätter nehmen ganz rasch ihren Weg zur Gestapo und führen zur Anzeige gegen Frör, Hildmann und Roth. Die Anklage der Münchner Abteilung des Volksgerichtshofes behauptete, sie hätten »böswillige, gehässige, hetzerische oder von niedriger Gesinnung zeugende Äußerungen über leitende Persönlichkeiten des Staates und der NSDAP« weitergegeben und falsche Tatsachen verbreitet. Das klingt äußerst gefährlich!

Doch das Urteil des Oberlandesgerichtes München vom 28. Juni 1939 fällt ungewöhnlich milde aus: für Frör sechs Monate, für Hildmann vier und für Roth ein Monat Gefängnis. In anderen Fällen folgt einer solchen Anklage die Verbringung ins KZ oder später sogar die Hinrichtung (siehe »Weiße Rose«). Wegen des energischen Einsatzes ihres Landesbischofs, der Strafaufschub erwirkt, und weil am 9. September 1939 eine Amnestie für geringe Straftaten erlassen wird, brauchen die drei ihre Haft nicht anzutreten. Die mit dem Urteil verbundene Warnung ist aber eindeu-

AUFRUF ZUR FÜRBITTE.

"Die Verhandlungen gegen Pfarrer Martin Niemöller soll vor dem Sondergericht in Berlin am 7. Februar beginnen.
Die Gemeinden werden seiner in treuer Fürbitte besonders gedenken.
Die Verhandlung ist seit langem erwartet worden. In diesem Prozess stehen Lebensfragen der Christenheit zur Entscheidung.
Gott wolle helfen, daß dieser Prozess unserer evangelischen Kirche und unserem deutschen Volke zum Segen werde."

Die Vorläufige Leitung der D.E.K.
gez. Albertz, Böhm, Fricke, Müller.

Fürbittenliste.
Stand vom 18. Januar 1938.

37 Amtsbehinderungen durch kirchenbehördliche Maßnahmen,
29 Relegationen von der Universität Berlin,
11 Relegationen von der Universität Halle,
2 " " allen deutschen Universitäten,
33 Redeverbote,
42 Ausweisungen,
17 Verhaftungen.

Im Konzentrationslager:
1. Pfarrer Schneider-Dickenschied/Rheinland.

In Schutz- oder Untersuchungshaft:
Berlin: (2) Pfarrer Martin Niemöller-Dahlem.
Brandenburg: (3) Pfr. Bierbaum-Potsdam,
(4) " Niemann-Brück
(5) Fürsorgerin Laue-Nowawes,
Mecklenburg: (6) Pfr. Hübner-Eldena,
Ostpreußen: (7) Pfr. Zürcher-Mierunsken
(8) Vikar Szuka-Bialla,
(9) Superint. Gabler-Angerburg,
(10) Pfr. Stentzel-Trunz,
Rheinland: (11) Superint. Bleek-Saarbrücken,
(12) Vikar Stephan- " "
(13) Pfr. Weisser- " "
(14) Vikar Hesse-Gebroth,
Sachsen: (15) Pfr. Anz-Lebusa,
Schlesien: (16) " Hitzer-Rösnitz,
Hannover: (17) Pastor Berner.

Jak. 5,16 : "Des Gerechten Gebet vermag viel, wenn es ernstlich ist".

Fürbittliste der Bekennenden Kirche mit besonderem Aufruf zur Fürbitte für Pfarrer Martin Niemöller.

tig. Vikar Hildmann wird im August 1939 eingezogen und fällt bereits am 28. Mai 1940. Übrigens hat niemand die Freilassung Niemöllers erwirken können. Auch nicht Pfarrer Doerfler mit seinen guten Beziehungen zu Himmler. Da Niemöller der »Privatgefangene« des Führers ist, ist nicht einmal Himmler die richtige Adresse für Petitionen.

Auch Wilhelm Knappe, Pfarrer der Stephanus-Kirchengemeinde, hat den Mut, den Namen Niemöller zu erwähnen. Er gibt die Fürbittliste der Bekennenden Kirche vom 18. Januar 1938 an seine Kirchenvorsteher weiter. Diese Liste enthält auch den Namen Martin Niemöller.[43] (Am 7. Februar sollte der Prozess gegen ihn beginnen.)

Grabmal Familie Doerfler, am Friedhof von St. Georg in Bogenhausen.

Auch die Bitte Doerflers um Freilassung des deutsch-polnischen Pfarrers Robert Nitschmann[44] aus dem KZ Sachsenhausen geht, trotz einiger Schriftwechsel mit Himmlers Stab, ins Leere. Das angeblich »deutschfeindliche Verhalten« Nitschmanns will Himmler nicht entschuldigen. (Noch mit Kriegsbeginn hatte er in polnischer Sprache gepredigt.) Aber allein der intensive Versuch Doerflers, Nitschmann und Niemöller frei zu bekommen, war ja schon ein mutiges Bemühen.

3 Widerstand angesichts der Judenvernichtung

3.1 Reichspogromnacht

Im Zusammenhang mit Doerfler und dem Abriss der Matthäuskirche ging es um den Juni 1938. Nun muss der Blick auf den 9. und 10. November 1938 gerichtet werden: die Reichspogromnacht mit dem reichsweiten Terror gegen alles, was jüdisch war. Nachdem heute die schrecklichen Ereignisse in den deutschen Städten erforscht und dargestellt sind, wünschte man sich, es hätte wenigstens in der evangelischen (oder auch katholischen) Kirche einen öffentlichen Aufschrei gegen all das Unrecht gegeben. Dieser blieb jedoch aus. Wenn überhaupt, war es ein stummes Entsetzen, das die Menschen ergriff. Gab es Gründe für dieses Schweigen? Wenn geredet wurde, »wurde ohne Kommentar darüber geredet, das wäre zu gefährlich gewesen, wußte man doch nie, ob nicht Spitzel zur Hand waren, die einen hätten ins KZ bringen können. Aber das Entsetzen und der Abscheu über diese Barbarei waren groß«,[45] so berichtet Gertrud Langenfaß, die Frau des damaligen Münchner Dekans. Und Pfarrer Walter Hennighausen ist überzeugt, »daß gegenüber solchen Gewalten und Mächten grundsätzlich nichts zu machen war, außer verborgene Hilfe zu leisten im Kleinen.«[46]

Schon 1935 warnt Landesbischof Meiser die preußische Bekenntnissynode, sich mit der Judenfrage zu befassen. Ein »selbstverschuldetes Martyrium« könnte die Folge sein. Und auch in der außerordentlichen Sitzung am 19. November 1938 beschließt der Landeskirchenrat in der Arcisstraße, von einem Schritt bei staatlichen Stellen wegen der Pogromnacht abzusehen.[47] In München kommt es jedenfalls zu keinerlei Protestdemonstrationen der Christen.

Nach dem Brand der Münchner Synagoge in der sogenannten Reichskristallnacht vom 9. auf den 10. November 1938: Ein Jugendlicher kommt mit einem Davidstern aus der Synagoge. Was hier wie Jux und Übermut aussieht, war für die jüdischen Bürger Münchens tödlicher Ernst. Mord und Scheinexekution geschahen in dieser Nacht und viele Männer wurden nach Dachau verbracht.

Anders in Nürnberg. Dort treten in einem Gottesdienst in der Lorenzkirche alle Pfarrer vor den Altar und verlesen demonstrativ die Zehn Gebote.

Ist es die Furcht, weiter in die Schusslinie der Partei zu geraten, die die Christen daran hindert, sich öffentlich zu äußern? Mit dem Abriss der Matthäuskirche haben die Machthaber ihr Bedrohungspotential ja schon fünf Monate vorher sichtbar werden lassen.

3.2 Hilfe für die Judenchristen

Angesichts dieser grundsätzlichen Haltung, sich nicht öffentlich äußern zu wollen, ist es schon erwähnenswert, dass sich die Evangelisch-Lutherische Kirche in Bayern um die »nichtarischen Christen«, also um Christen, die aus dem Judentum stammen, durchaus offiziell gekümmert hat. Das »Büro Grüber« in Berlin beginnt im September 1938 mit dieser Art der Betreuung. Probst Heinrich Grüber bemüht sich auch, in den einzelnen Landeskirchen Außenstellen zu errichten. Dem Hilfeersuchen von Grüber am 26. September 1938 entspricht Landesbischof Meiser umgehend und beauftragt den Vereinsgeistlichen der Inneren Mission in München, Pfarrer Friedrich Hofmann, mit der Errichtung einer Hilfsstelle für die gemischtrassigen Gemeindeglieder. Außerdem stellt die bayerische Landeskirche für diese Arbeit an den »Glaubensgenossen in Not« jährlich 10000 Reichsmark im Haushaltsplan ein (bis 1945!). Mit diesen Mitteln und einer Kollekte von 1000 Reichsmark kann auch die Zentrale in Berlin mitfinanziert werden. In Nürnberg wie in München wird diese Fürsorge in den Räumen der Inneren Mission durchgeführt. Bei Eingriffen der Gestapo hätte das allerdings die Gefährdung der gesamten diakonischen Arbeit bedeutet. Obwohl das allen Beteiligten klar ist, stehen Landesbischof D. Hans Meiser, Dekan Friedrich Langenfaß und das gesamte Münchner Pfarrkapitel voll hinter dieser Arbeit – wie in keiner anderen evangelischen Landeskirche.

Nach der Reichspogromnacht kommen aber so viele Rat- und Hilfesuchende zur Inneren Mission, dass

Pfarrer Johannes Zwanzger, Leiter der Münchner Hilfstelle für »Glaubensgenossen in Not«. Der Einsatz für Menschen, die von den Rassegesetzen der Nationalsozialisten betroffen waren, war äußerst risikoreich. Hinter den mutigen Widerstehern standen oft auch gefährdete Familien.

der Vereinsgeistliche überfordert ist. Deshalb beauftragt der Landeskirchenrat ab Januar 1939 Pfarrer Werner Jordan (1908–1978) in Nürnberg und Pfarrer Johannes Zwanzger (1905–1999) in München mit der hauptamtlichen Betreuung der nichtarischen Christen. Beide sind selbst betroffen von den Nürnberger Rassegesetzen.

Zwanzger bemüht sich um eine enge Verbindung mit dem Caritas-Verband, dem »gemischtrassigen« Ehepaar Cohen von den Quäkern, dem Schweizer Walter Classen (1883–1955) vom Ackermann Kunstverlag und dem Büro Grüber in Berlin. Die größten Anstrengungen, neben der Hilfe in den alltäglichen Sorgen der nichtarischen Christen, richten sich auf die Möglichkeiten ihrer Auswanderung. Dabei scheut man auch nicht vor illegalen Mitteln zurück. Die Tätigkeit ist zwar bei der Gestapo offiziell angemeldet, trotzdem geschieht aber vieles außerhalb des von Staat und Partei Erlaubten. (Ähnliches verfolgen auf katholischer Seite der St. Raphaelsverein und das Caritas-Notwerk.)

Hunderte suchen Hilfe in den Stellen der Inneren Mission (auch Bekenntnisjuden). Letztlich kann aber nur wenigen geholfen werden. Viele nehmen sich in der Ausweglosigkeit das Leben. Pfarrer Zwanzger vermag nur 65 jüdisch-christlichen Gemeindegliedern die Ausreise zu vermitteln. (In der Nürnberger Hilfsstelle sind es 61.) Trotzdem hat der jüdische Satz aus dem Talmud seine Bedeutung: »Wer einen Menschen rettet, der rettet die ganze Welt.«

Obwohl das »Büro Grüber« in Berlin im Dezember 1940 von der Gestapo geschlossen und für illegal erklärt wird, wird die Betreuungsarbeit in Nürnberg und München weitergeführt. Im Gegensatz zur Forderung der Kirchenkanzlei der DEK in Berlin stellt der Landeskirchenrat in der Vollsitzung am 24. Februar 1942 ausdrücklich fest, dass keinem christlichen »Nichtarier« die Seelsorge verweigert werden dürfe.[48] Das ist die Art, in der Landesbischof Meiser versucht, für die »nichtarischen« Menschen einzutreten. Das ist seine Form von Widerstand wenige Tage nach der Pogromnacht: unmittelbare, doch selbstgefährdende Hilfe, am Rande der Legalität, für die »Glaubensgenossen in Not«. Pfarrer Zwanzger stellt in seinem Bericht heraus: »Immer wieder ließ er mich kommen, um sich über die Lage der bedrängten Menschen unterrichten zu lassen. Bei meinem letzten Besuch kurz vor meiner Einberufung zur Wehrmacht bat er mich, eine Dokumentation besonders krasser Fälle zusammenzustellen. Er wollte dann versuchen, etwa bei Göring Erleichterungen zu erreichen. Leider konnte dieser Plan nicht mehr durchgeführt werden, da ich im Oktober 1941 eingezogen wurde.«[49]

Dass auch dieses Tun tatsächlich nicht risikolos ist, sieht man daran, dass Pfarrer Heinrich Grüber im Dezember 1940 und sein Mitarbeiter Pfarrer Werner Sylten im Februar 1941 verhaftet und in das KZ Dachau verbracht werden.

Pfarrer Sylten wird im August 1942 in der Vernichtungsanstalt Hartheim umgebracht. Auch mindestens zehn Mitarbeiter und Mitarbeiterinnen des Berliner Büros überleben den Holocaust nicht.[50]

Nachdem für Nichtarier selbst das Verbot der Auswanderung erlassen wird, gehen auch die Deportationen der Münchner jüdischen Mitbürger nach Theresienstadt und nach Kaunas völlig ungehindert vonstatten.

Derselbe Landesbischof Meiser, der sich so für die Rettung von »nichtarischen« Menschen eingesetzt hat, wird von der Stadt München mit ihrem evangelischen Oberbürgermeister Christian Ude und unserer evangelischen Kirche mit Landesbischof Dr. Johannes Friedrich wegen angeblicher »unsäglicher antisemitischer Äußerungen« verurteilt.[51]

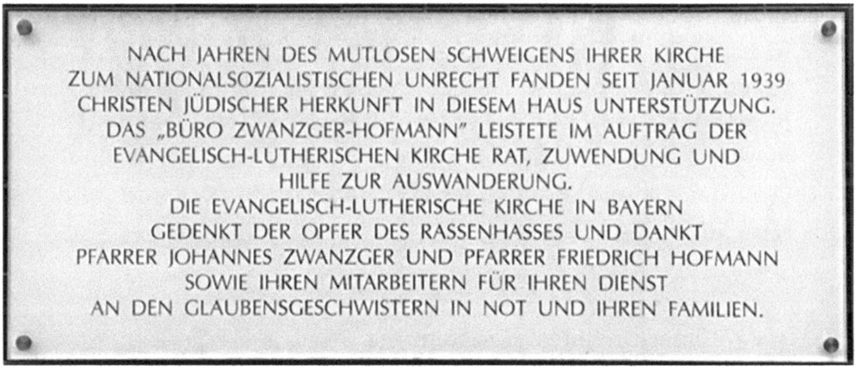

NACH JAHREN DES MUTLOSEN SCHWEIGENS IHRER KIRCHE
ZUM NATIONALSOZIALISTISCHEN UNRECHT FANDEN SEIT JANUAR 1939
CHRISTEN JÜDISCHER HERKUNFT IN DIESEM HAUS UNTERSTÜTZUNG.
DAS „BÜRO ZWANZGER-HOFMANN" LEISTETE IM AUFTRAG DER
EVANGELISCH-LUTHERISCHEN KIRCHE RAT, ZUWENDUNG UND
HILFE ZUR AUSWANDERUNG.
DIE EVANGELISCH-LUTHERISCHE KIRCHE IN BAYERN
GEDENKT DER OPFER DES RASSENHASSES UND DANKT
PFARRER JOHANNES ZWANZGER UND PFARRER FRIEDRICH HOFMANN
SOWIE IHREN MITARBEITERN FÜR IHREN DIENST
AN DEN GLAUBENSGESCHWISTERN IN NOT UND IHREN FAMILIEN.

Gedenktafel in der Mathildenstraße.

Die Gedenktafeln für die Hilfsstellen für nichtarische Christen, die in München und in Nürnberg nach dem Krieg angebracht worden sind, erwähnen den Namen Meiser überhaupt nicht mehr. Pfarrer Zwanzger dagegen bekennt gegenüber Rudolf Meiser (OKR i.R., Sohn von Landesbischof Meiser) in einem persönlichen Schreiben: »Allein schon im Rückblick auf meine Tätigkeit in München kann ich nur mit ganz großer Dankbarkeit an Ihren Vater zurückblicken.«[52]

Die am 7. April 2011 am Gebäude des Kirchengemeindeamtes Ecke Landwehr-/Mathildenstraße im Auftrag der Evangelisch-Lutherischen Landeskirche enthüllte Gedenktafel soll an die Hilfsstelle für die von den Rassegesetzen betroffenen Menschen erinnern. Der Text der Tafel stellt zunächst fest, die Kirche habe stets zu allem nationalsozialistischen Unrecht mutlos geschwiegen. Das ist jedoch historisch unzutreffend. Die Tafel verschweigt auch, dass Landesbischof D. Hans Meiser persönlich für die Errichtung dieser Hilfsstelle eingetreten ist und die Arbeit seiner Mitarbeiter intensiv begleitet hat. Ein zutreffender Text könnte so lauten:

»In diesem Hause haben seit Januar 1939 Christen jüdischer Herkunft Unterstützung gefunden. Das ›Büro Zwanzger-Hofmann‹ leistete im Auftrag der Evangelisch-Lutherischen Kirche Rat, Zuwendung und Hilfe zur Auswanderung. Die Evangelisch-Lutherische Kirche in Bayern gedenkt der Opfer des Rassenhasses und dankt Landesbischof D. Hans Meiser, Pfarrer Johannes Zwanzger und Pfarrer Friedrich Hofmann sowie deren Mitarbeitern für ihren Dienst an den Glaubensgeschwistern in Not und ihren Familien.«

3.3 Innerkirchliche Resistenz

Unter diesem Thema sind darzustellen: Wilhelm Freiherr von Pechmann (1859–1948), Rudolf Alexander Schröder (1878–1962) sowie die »Osterbotschaft Münchner Laien«.

Wilhelm Freiherr von Pechmann[53]

Freiherr von Pechmann war Direktor der Bayerischen Handelsbank in München und Kirchenvorsteher in St. Johannes. Von 1920 bis 1922 war er der erste Präsident der neuen Landessynode, dann Präsident des Deutschen Evangelischen Kirchentages und insgesamt eine bedeutende Persönlichkeit des Weltluthertums.

Wilhelm Freiherr von Pechmann (1859–1948).

Dieser profilierte Protestant erklärte in einem Schreiben an Reichsbischof Ludwig Müller, dass er in dieser evangelischen Kirche von heute nicht mehr bleiben könne, und trat dann tatsächlich am 2. April 1934 aus der Deutschen Evangelischen Kirche aus. Die Entwicklung, welche die evangelische Kirche seit 1933 genommen hatte, war für ihn unerträglich geworden. Der von Hitler betriebene enge Anschluss an die Strukturen des Staates bedeutete für Freiherr von Pechmann eine tödliche Gefahr für die Kirche. Dagegen protestierte er und leistete mit zahlreichen Schreiben an Kirchenführer, aber auch an den Reichskanzler Hitler und an seinen Stellvertreter, Franz von Papen, hinhaltenden

Widerstand. Die Schreiben, in denen er von der »Vergewaltigung der evangelischen Kirche« sprach, blieben aber ohne Antwort. Pechmann konnte für seine Auffassung weder im Reich noch in Bayern eine Mehrheit finden. Die Umgestaltung der 28 evangelischen Landeskirchen in eine deutsche Reichskirche nahm ihren Anfang und führte zur Wahl von Ludwig Müller als Reichsbischof.

Der Münchner evangelische Laie Freiherr von Pechmann hat aber nicht nur gegen den Verkauf seiner Kirche an die Ideologie der Nationalsozialisten protestiert und angeschrieben, er hat auch von Anfang an das Schicksal der jüdischen Mitbürger und der nichtarischen Glaubensgenossen im Auge gehabt.

Bereits am 12. April 1933 machte er in einem Schreiben an den Präsidenten des Reichskirchenausschusses Dr. Hermann Kapler bezüglich der Tagesordnung deutlich, dass die Kirche ihre Stimme erheben müsse für die jüdischen Volksgenossen:

> »Ich denke an eine Frage ganz anderer Art, welche mich seit vierzehn Tagen überhaupt nicht mehr zur Ruhe kommen läßt, nämlich an die in wechselnden Formen immer noch fortgehende Bewegung gegen die Juden.
> In weitestem Maße richtet sich diese Bewegung gegen Angehörige unserer eigenen Kirche, [...]. Angstvoll warten diese unsere Kirchenmitglieder von einem Tag zum anderen auf ein Wort ihrer Kirche, welche ihnen, wie sie mit vollem Recht annehmen, schuldig ist, sie zu schützen. Aber darüber hinaus kann und darf die Kirche auch zu dem nicht schweigen, was unter Verletzung christlicher Gerechtigkeit und Liebe gegen jüdische Volksgenossen geschehen ist und geschieht.«[54]

Am 26. April 1933 formulierte er auch einen entsprechenden Antrag in der Sitzung des Deutschen Evangelischen Kirchenausschusses.[55] Kurz nach der Pogromnacht wandte er sich am 14. November 1938 an Landesbischof Meiser:

> »Mein hochwürdigster und hochzuverehrender Herr Landesbischof!
> Was in der vorigen Woche in Deutschland und nicht zuletzt auch in Bayern geschehen ist, wird in den weitesten Kreisen des Volkes – nach allem, was ich höre, bis tief in die Partei hinein – als schweres Ärgernis empfunden. Durch die Haltung der Behörden und durch den Anspruch auf ›Legalität‹, ja auch ›Recht‹ wird diese Empfindung gesteigert. Kann und darf die Kirche schweigen? Nimmermehr …!«

Die Kirche darf nicht mitwirken an der «gesetzlichen und harten Regelung der Judenfrage«.

In weiteren Schreiben an Landesbischof Meiser vom 15. November und vom 20. Dezember 1938 sprach er immer wieder die »ungeheuerliche Juden- und Judenchristen-Verfolgung« an und stellte fest, dass sich unsere Kirche »einer schweren, auch folgenschweren Unterlassung schuldig macht, wenn sie nun auch zu all dem neuen Unrecht schweigt und schweigt«.
Im Schreiben an den Landesbischof vom 8. November 1941 äußerte er sich gegenüber Landesbischof Meiser mit Nachdruck und bittet ihn

> »ein ernstes Wort der Mahnung und Warnung an den Chef der Reichskanzlei Herrn Reichsminister Dr. Lammers zu richten. […] um die Kirche – die nur zu lange und nur zu oft geschwiegen hat – zur Erfüllung einer mehr als naheliegenden Aufgabe zu bestimmen. […]
> Es fehlt, das sehen wir nur allzu deutlich, keineswegs an ernsten Zeichen, die dafür sprechen, daß die Leute, welche hinter dieser Judenverfolgung stehen, unter Umständen ganz ebenso gegen Christen vorgehen werden wie heute gegen die Juden. Wollen wir es darauf ankommen lassen, daß wir uns werden sagen müssen, wir haben es durch unser Schweigen verdient, daß es nun auch uns nicht besser geht?«

Freiherr von Pechmann meinte auch, dass ein gemeinsamer Einspruch der evangelischen und der katholischen Kirche, von Landeskirche und Episkopat, nötig wäre, um gegen die Judenverfolgung Wirkung zu erzielen. Trotz verschiedener Einzelaktionen in beiden Kirchen zur Hilfe für Juden und Christen jüdischer Herkunft kam es jedoch nicht zu diesem gemeinsamen Vorgehen. Es blieb beim offiziellen Schweigen der Kirchen.

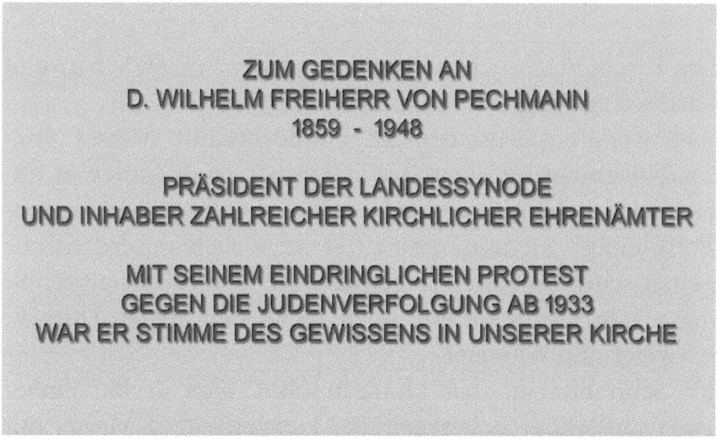

ZUM GEDENKEN AN
D. WILHELM FREIHERR VON PECHMANN
1859 - 1948

PRÄSIDENT DER LANDESSYNODE
UND INHABER ZAHLREICHER KIRCHLICHER EHRENÄMTER

MIT SEINEM EINDRINGLICHEN PROTEST
GEGEN DIE JUDENVERFOLGUNG AB 1933
WAR ER STIMME DES GEWISSENS IN UNSERER KIRCHE

Gedenktafel für Wilhelm Freiherr von Pechmann im Eingangsbereich des Münchner Landeskirchenamts.

In Anbetracht vieler anderer Christen in der Bayerischen Landeskirche, die es auch gewagt haben, gegen die Judenverfolgung zu protestieren, wäre die Formulierung auf der Tafel angebracht: »Wilhelm Freiherr von Pechmann war in unserer Kirche eine wichtige Stimme gegen die Judenverfolgung.«

Rudolf Alexander Schröder – Caroline Borchardt-Ehrmann

Das Gemeindeglied der Erlöserkirche in München-Schwabing, die Malerin und Grafikerin Caroline Borchardt-Ehrmann,[56] stammte aus einer alteingesessenen jüdischen Heidelberger Kaufmannsfamilie. Nach dem Tod ihrer Eltern konvertierte sie ganz bewusst mit ihrer Schwester zum Protestantismus und praktizierte ihn als gläubige Christin. Ab den 1920er-Jahren lebte sie im Bereich der Erlöserkirchengemeinde. Was wird nun mehr zählen in den beginnenden Gefährdungen der Juden? Ihre Abstammung aus dem Judentum oder ihre Taufe und ihr christlicher Glaube? Für die Nationalsozialisten und ihren Rassismus war die Angelegenheit klar: Jude bleibt Jude! So geriet auch Caroline Ehrmann (sie war die erste Frau des Dichters Rudolf Borchardt) in die Vernichtungsmaschinerie der Nationalsozialisten in München.

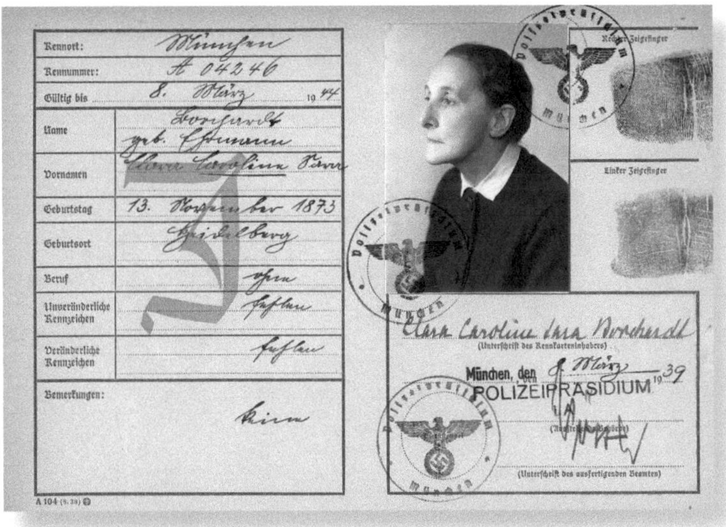

Kennort:	München
Kennummer:	A 04246
Gültig bis	8. März 1944
Name	Borchardt geb. Ehrmann
Vornamen	Clara Caroline Sara
Geburtstag	13. November 1873
Geburtsort	Heidelberg
Beruf	ohne
Unveränderliche Kennzeichen	fehlen
Veränderliche Kennzeichen	fehlen
Bemerkungen:	keine

A 104

Rechter Zeigefinger

Linker Zeigefinger

Clara Caroline Sara Borchardt
(Unterschrift des Kennkarteninhabers)

München, den 8. März 1939
POLIZEIPRÄSIDIUM
(Unterschrift des ausfertigenden Beamten)

Karteikarte der Münchner Polizei für den Reisepass von Caroline Borchardt, angelegt am 8. März 1939 und gültig bis zum 8. März 1944. Sie enthält auf der Rückseite den abschließenden Vermerk: 10.12.41 [»Judensiedlung«] Milbertshofen Knorrstr 148; 15.7.42 n[ach] Theresienstadt abger[eist].

Zunächst sah es so aus, als könnten Freunde ihr helfen, zumindest eine Unterkunft im kirchlichen Raum zu finden, nachdem sie ihre Wohnung zwangsweise hatte verlassen müssen. Darum haben sich auch Dekan Friedrich Langenfaß und Pfarrer Theodor Krafft von der Erlöserkirche bemüht.[57] Bald aber stellte sich heraus, dass sämtliche Juden in die Sammellager Milbertshofen und Berg am Laim einziehen mussten, um dann nach Theresienstadt und nach

Rudolf Alexander Schröder, um 1948.

Kaunas verbracht zu werden. In dieser zugespitzten Situation versuchte der Schriftsteller, Dichter und Prädikant Rudolf Alexander Schröder aus Bergen am Chiemsee mit leidenschaftlichem Einsatz der Freundin ein schlimmes Schicksal zu ersparen. Doch es ist ihm nicht gelungen.

Nachdem alle Versuche, sie zu retten, fehlgeschlagen waren, konnte er seine Freundin am 8. Dezember 1941 nur noch bis zum Tor des Sammellagers Milbertshofen begleiten. Caroline Ehrmann ist mit vielen anderen Münchner Juden in Theresienstadt umgekommen, wohl im Januar 1944.[58] Aber Schröders Briefe an den Münchner Dekan Friedrich Langenfaß und an den Pfarrer der Inneren Mission Friedrich Hofmann sind doch ein weiteres bewegendes Zeugnisse dafür, dass es in München Menschen gab, denen das himmelschreiende Unrecht an den Juden und den Judenchristen nicht gleichgültig war und die ihre Kirche in die Verantwortung riefen. Hier ein Zitat aus dem letzten Brief an Friedrich Langenfaß:

> *Bergen Obb. Sonnleithen 2. Nov. [19]41*
>
> *Es fragt sich, ob für uns Christen in so vitaler Entscheidungssituation der Begriff des Unmöglichen nicht doch einer Revision unterzogen werden sollte. Ich frage mich sehr ernst –* […], *ob nicht der Schade, den unsere Kirchen leiden, wenn sie der Vergewaltigung ihrer Glieder ohne den Versuch der Hilfe oder wenigstens des deutlichen Protestes zusehen, größer sein wird als alles, was ihrer an Repressalien warten könnte. […] Geschieht nichts, geschieht nicht alsbald wenigstens irgend Etwas, so lädt m.E. unsere Kirche eine Schuld auf sich, die sie bei Christen und Nichtchristen um alle Ansprüche und Rechte ihres Hirtenamtes bringen muss mit Folgen, die auch hier wieder einmal den ›Tod‹ als der ›Sünde Sold‹ nach sich ziehen werden.* […].[59] (Gesamter Text siehe Anhang 1)

Ein Antwortschreiben von Langenfaß oder von Hofmann an Schröder liegt leider nicht vor. Zahlreiche Akten des Dekanates sind im Bombenkrieg vernichtet worden.

»Osterbotschaft Münchner Laien«

Eine dritte Initiative Münchner Christen darf in diesem Zusammenhang nicht fehlen: Die »Osterbotschaft«, die der »Lempp'sche Kreis« 1943 als Denkschrift Landesbischof Meiser zukommen ließ. Verfasst hatte sie Pfarrer Hermann Diem aus Württemberg. Der Historiker Helmut Baier meinte, dass sie »wohl das entschiedendste und deutlichste Bekenntnis gegen die Judenverfolgung dar[stelle], das in Bayern jemals laut geworden ist; ein Licht in der Finsternis«.[60] Die Endredaktion erfolgte entweder in der Isabellastraße 20 (Wohnung Lempp) oder in der Maria-Theresia-Straße 19 (Wohnung Classen). Persönlich übergaben Prof. Dr. Wilhelm Hengstenberg (1885–1963) und Landgerichtsrat Emil

Prof. Dr. Wilhelm Hengstenberg (Mitte vorne) im Kreis seiner Schüler.

Landgerichtsrat Emil Höchstädter. Zusammen mit Prof. Dr. Wilhelm Hengstenberg überbrachte er 1943 Landesbischof Meiser die »Osterdenkschrift Münchner Laien«.

Höchstädter (1881–1961) diese Schrift.[61] (Gesamter Text siehe Anhang 2) Landesbischof Meiser als Grundlage für einen öffentlichen Protest der evangelischen Kirche gegen den Judenmord. Mit ihrem Namen wollten sie diese aber nicht unterzeichnen. Wenn sie sich öffentlich dazu bekannt hätten, hätten sie ja ihr Leben riskiert. Landesbischof Meiser stimmte zwar in dem zweistündigen Gespräch dem Inhalt dieser Eingabe zu, hielt es aber nicht für möglich, sie zu veröffentlichen und im Namen der Kirche die Judengräuel offen anzuprangern. Seine Argumentation: Wenn er etwas offiziell tun würde, so würde er nur verhaftet werden und den Juden wäre nicht geholfen. Die Verfolgung würde nur noch schlimmer werden.[62] Dabei dachte er wohl an die Nichtarier, die in einer Mischehe lebten und deren Schicksal verschärft werden sollte. Vielleicht wusste er davon, dass das Reichsinnenministerium bis Frühjahr 1943 auch einen Entwurf zur Zwangsscheidung dieser »privilegierten Mischehen« erarbeitet hatte. Er gab zu bedenken, dass er als Bischof verantwortlich sei für eine große Landeskirche mit fast 1500 Pfarrern. Wenn eine Verfolgung ausbrechen würde, kämen Leid und Unglück über Tausende von Familien. In der Stille unternahmen er und die Kirchenleitung vieles, um Juden zu verstecken oder sie in die Schweiz oder nach Schweden zu bringen (so geschehen zum Beispiel mit Dr. Carl Gunther Schweitzer aus Berlin und weiteren unbekannten jüdischen Mitbürgern).[63] Aber Meiser gab diese Münchner Denkschrift an Landesbi-

Landesbischof Hans Meiser, 1941.

schof D.Theophil Wurm weiter,[64] den Sprecher der Kirchenführerkonferenz und letzte offizielle Stimme, die der Bekennenden Kirche im »Dritten Reich« geblieben war.

So hat sich diese Münchner Denkschrift dann doch in einem neuen mutigen Schreiben gegen die Judenvernichtung niedergeschlagen, das Landesbischof Wurm am 16. Juli 1943 in Absprache mit allen Bischöfen an Hitler gerichtet hat.[65] Es war also auch das Schreiben des Münchner Landesbischofs Meiser. Wenn auch die Regierung dieses wie alle anderen Schreiben Wurms unterdrückte, so wurde es doch – gleichsam als Feindpropaganda – vom britischen Rundfunk verbreitet. Sehr zur Empörung der Gestapo.

Der Sohn von Landgerichtspräsident Emil Höchstädter, Walter Höchstädter, war von der Denkschrift der Münchner Laien so beeindruckt, dass er als Soldat in Frankreich auf eigene Kosten ein achtseitiges Flugblatt drucken ließ, das ebenfalls die Judenverfolgung scharf anprangerte.[66]

Zu diesem Osterfest 1943 hat aber auch Landesbischof D. Meiser in der Kreuzkirche mit selbstgefährdender Deutlichkeit über den Untergang gepredigt, der allenthalben sichtbar werde.

Auszug aus der Predigt von Landesbischof Hans Meiser über 1. Kor. 15, 12–20, Kreuzkirche München, am 25. April 1943 (Ostern):

> »Wir durchleben eine Epoche der Weltgeschichte, wie sie noch keine Generation vor uns durchlebt hat. […]
> Zum ersten Mal in der Geschichte der Menschheit werden die zahllosen Vorgänge in der Politik, der Wirtschaft, der Kultur, wird alles, was auf Erden geschieht, in einem Prozeß von unbeschreiblichen Ausmaßen ›planetarisch‹ zusammengeführt. Die Völker der Erde stehen am Rande eines riesigen Vulkankraters, und die Faust des Schicksals stößt sie mit allem, was sie sind und haben, in den feurigen Schmelzfluß hinein. Ungezählte, früher weit voneinander entfernte Linien der Entwicklung sind in

den großen Strom gemeinsamer Geschichte gemündet, und nun strömt das mächtige Geschehen vor unseren Augen vorüber. Alle Fragen, welche die Menschheit von Anbeginn bewegt haben, werden in diesem gewaltigen Gesamtgeschehen neu zur Entscheidung gestellt. In diesem gigantischen Ringen geht es wahrlich um mehr als um die Verschiebung von Ländergrenzen oder um die Verlagerung von Machtpositionen oder um die Neuverteilung der Rohstoffe. Es geht um die entscheidenden Grundfragen der Menschheit. Soll die Barbarei oder die Kultur triumphieren, der Massenwahn oder die gesunde Vernunft, der Nationalismus oder die Einheit der Menschheit, die Hysterie oder das sichere, freudige Lebensbewußtsein, die Machtausübung und Überorganisierung oder das innerlich Gewachsene, die Materie oder der Geist, die Weltfrömmigkeit oder der Gottesglaube? Schließlich schießen alle Fragen in die eine große letzte Entscheidung zusammen: Untergang oder Auferstehung, Vernichtung oder Neuwerdung, Tod oder Leben. [...]
Wir haben ihn [den Tod] neu kennengelernt, was für ein unersättliches Ungeheuer er ist. Zu Hunderttausenden, zu Millionen liegen sie draußen auf den Schlachtfeldern, Grabhügel reiht sich an Grabhügel in endlosen Reihen, und wir haben ihn kennengelernt, wie schonungslos und unbarmherzig er ist. [...]
Damit aber stehen wir vor der Osterfrage, denn um was anderes geht es an Ostern als um die Frage nach Tod oder Leben? Nur daß für uns diese letzte entscheidende Menschheitsfrage keine Frage mehr ist. In dieser Frage ist die Entscheidung schon gefallen. Sie liegt in der einen Tatsache, die Paulus am Schluß unseres Textes in dem großen Auferstehungskapitel des 1. Korintherbriefes so triumphierend, so siegesbewußt, so glaubenssicher verkündet: Nun aber ist Christus auferstanden von den Toten! Der Angriff des Lebens auf den Tod ist erfolgt und der Sieg des Lebens über den Tod errungen.«[67]

Der Reichsminister
für die kirchlichen Angelegenheiten
I 58/43 g.

Berlin W 8, den 16.August 1943.
Leipziger Straße 8
Fernspr.: 11 66 51

An

Herrn Landesbischof D. M e i s e r
- Persönlich oder Vertreter im Amt -

M ü n c h e n 2.
Arcisstr. 13

Geheim!

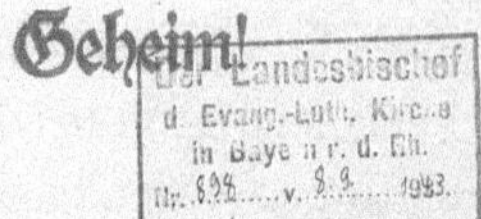

Der Schweizer Evangelische Pressedienst hat in Nr. 28 Blatt 4 vom 14.Juli 1943 ein Ostern 1943 an Sie gerichtetes Schreiben wegen der sogenannten Judenverfolgungen veröffentlicht.

Ich bitte Sie, mich über Verfasser und Anlaß dieses Schreibens näher zu unterrichten.

Im Auftrag

[Unterschrift]

München, am 8.September 1943

An den Herrn
R e i c h s m i n i s t e r
für die kirchlichen Angelegenheiten
B e r l i n W 8

Betreff: Schweizer Evang.Pressedienst
- zur Zuschr.v.16.August 1943 -

Es ist mir weder die Tatsache bekannt, daß der Schweizer Evangelische Pressedienst in No.28 Blatt 4 vom 14.7.43 ein Ostern 1943 an mich gerichtetes Schreiben wegen der sogenannten Judenverfolgung veröffentlicht hat, noch weiß ich um den Inhalt dieses Schreibens Bescheid. Um zu der ergangenen Aufforderung Stellung nehmen zu können, bitte ich mir entweder die Originalnummer des Schweizer Evang.Pressedienste oder eine Abschrift des in Frage kommenden Artikels zukommen zu lassen.

gez.D.Meiser.

Der Reichsminister
für die kirchlichen Angelegenheiten
I 1943/43

Berlin W 8, den 20. September 1943
Leipziger Straße 3
Fernspr.: 11 66 51

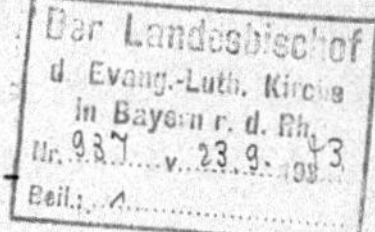

An den
Herrn Landesbischof der Evang.-luth.
Kirche in Bayern r.d.Rheins - persönlich o.V.i.A. -
in München

Betrifft: Schweizer Evangelischer Pressedienst.
Auf das Schreiben vom 8. ds.Mts.

In der Anlage übersende ich mit der Bitte um Rückgabe den Geheimvorgang.

Im Auftrag
gez. Theegarten

Beglaubigt.
Schröder

München, am 24. September 1943

An den Herrn
Reichsminister für die
Kirchlichen Angelegenheiten
Berlin W 8

Betreff: Schweizer Evangelischer Pressedienst
-z.Schr.vom 20.Sept.1943 Nr.I 1943/43
1 Beilage

In dem im Schweizer Evangelischen Pressedienst veröffentlichten Brief erkenne ich ein Schreiben wieder, das mir vor einigen Monaten etwa um die Osterzeit von 2 Herren, die sich bei mir melden ließen, übergeben wurde. Ich versäumte, mir die Namen der Herren zu notieren und bin deshalb, da das Schreiben nicht unterzeichnet war, nicht in der Lage, die Namen nachträglich festzustellen. Auf welchem Wege der Brief in den

./.

Schweizer Evangelischen Pressedienst gekommen sein konnte, ist mir völlig unerfindlich.

Den Geheimvorgang sende ich in der Anlage zurück.

gez. D. Meiser

z.d. Akt. Kirchl. Lage.

Einschreiben.

Das weitere Geschehen um die Denkschrift:

Ein Exemplar der Denkschrift kommt – durch Walter Classen oder durch Hermann Diem – auch in die Schweiz und wird dort durch den Schweizer Evangelischen Pressedienst veröffentlicht. Dadurch erhält auch die Gestapo Kenntnis von dieser Schrift. Sie durchsucht den Landeskirchenrat nach der Denkschrift. Meiser berichtet nach dem Krieg dem Landgerichtspräsidenten Emil Höchstädter, dass »die Herren der Gestapo ihn damals in die Zange genommen hätten und von ihm die Namen der Verfasser wissen wollten. Er habe sich auf das Beichtgeheimnis berufen und habe ihnen gesagt, diese Verfasser seien seine Gemeindeglieder gewesen und seien in innerer Gewissensnot zu ihm gekommen. Wer die Erklärung in die Schweiz und ins Ausland gebracht habe, das wisse er nicht.«[68]

Aus der Befragung, die der Reichsminister für die kirchlichen Angelegenheiten im August und September mit Meiser durchführt, geht hervor, dass Meiser, um die Überbringer der Denkschrift zu schützen, das Ministerium sogar belügen musste. Er schrieb wie folgt:

In dem im Schweizer Evangelischen Pressedienst veröffentlichten Brief erkenne ich ein Schreiben wieder, das bei mir vor einigen Monaten etwa um die Osterzeit von 2 Herren, die sich bei mir melden ließen, übergeben wurde. ich versäumte, mir die Namen der Herren zu notieren und bin deshalb, da das Schreiben nicht unterzeichnet war, nicht in der Lage die Namen nachträglich festzustellen.

Ohne Frage muss den Männern wie Freiherrn von Pechmann, Rudolf Alexander Schröder und den Autoren der »Osterdenkschrift« uneingeschränkter Respekt gelten. Sie haben nicht geschwiegen. Sie sind, von ihrem christlichen Gewissen getrieben, tätig geworden. Sie haben ihre Betroffenheit über den Judengräueln Ausdruck verliehen. Bei aller Hochachtung muss aber festgestellt werden, dass diese von ihnen praktizierte Form von Widerstand eine rein innerkirchliche war. (Von Pechmann und Schröder waren auch niemals staatlichen Repressionen ausgesetzt. Für die Gestapo waren sie offenbar uninteressant.) Ihr Bemühen ging ja dahin, Landesbischof D. Meiser und die Kirchenleitung auf all das Unrecht aufmerksam zu machen, das da geschah, und zu öffentlichen Protesten zu veranlassen. Meiser und Langenfaß hatten aber wohl auch gute Gründe, sich diesem Ansinnen zu verweigern. Wie sich dagegen öffentliches Reden und öffentliches Eintreten für die Juden auswirken konnte, zeigt in bestürzender Eindeutigkeit das Schicksal des Bekenntnispfarrers Helmut Hesse aus Wuppertal-Eberfeld:[69] In einem Bekenntnisgottesdienst am 6. Juni 1943 hatte er die anwesenden Gottesdienstbesucher offen zum Widerstand gegen die NS-Judenpolitik aufgerufen und anschließend die Kernsätze aus der Münchner »Osterbotschaft« verlesen (ein einmaliger Vorgang in Deutschland!). Dies und vorausgegangene Äußerungen für die Juden führten zwei Tage später zu seiner Verhaftung und am 13./14. November zur Einlieferung in das KZ Dachau. Am 24. November war er bereits tot, gestorben angeblich an einer Sepsis, sicher aber an den Torturen während der Haft.

Auch die Verlesung eines Hirtenwortes zur Judenvernichtung am 26. Juli 1942 in den katholischen Kirchen der Niederlande hatte katastrophale Folgen, nämlich die unmittelbare Deportation der katholischen Nichtarier (unter ihnen auch die Nonne Edith Stein).[70]

Die Annahme der Denkschrift durch Landesbischof Meiser und ihre eventuelle Veröffentlichung als Kanzelabkündigung hätte vermutlich ähnliche Folgen gehabt.

4 Widerstand aus dem »Garten der Gerechten«

In Yad Vashem in Jerusalem sind Bäume gepflanzt für die Menschen, die unter Einsatz ihres Lebens jüdische Mitbürger vor der Ermordung durch die Nationalsozialisten bewahrt haben.

Nach heutigem Wissensstand müssten auch für Christen aus München solche Bäume gepflanzt werden. Als der Krieg ausbricht und der Weg der Ausreise für Juden versperrt ist, helfen nur noch illegale Methoden: falsche Papiere und sichere Verstecke. Wie hier evangelische Christen helfen konnten, lässt sich leider nicht mehr in allen Einzelheiten rekonstruieren. Dass sie es taten und damit (wie viele andere, unbekannte Einzelne) in den aktiven Widerstand traten, ist aber belegt:

Dekan D. Friedrich Langenfaß bei der Einweihung der Adventskirche in Aubing am 29. September 1940.

- In kleinen **Gebetskreisen** konnte für bedrohte Juden in München mancherlei Hilfe materieller und seelischer Art organisiert werden. Frau Schanderl, die Sekretärin von Dekan Langenfaß, hat darüber berichtet.[71]
- **Theodor Engelmann** aus Gräfelfing, beschäftigt in der staatlichen Auswanderungsbehörde, war ein zum Helfen bereiter evangelischer Christ. Er versuchte, Juden Geld für die Ausreise zu sichern und sie menschlich zu behandeln (was von Auswanderern bestätigt wurde). Wegen »judenfreundlicher Beratung« wurde sein Büro dann 1943 geschlossen.(Auswanderung war allerdings schon seit 1941 überhaupt nicht mehr möglich.)[72]
- Auch die nicht unerheblichen Bemühungen von **Dekan D. Friedrich Langenfaß** sind bekannt. Unter Nutzung seiner Auslandsbeziehungen ließ der Dekan von München Juden über die Grenze bringen. Auch vermittelte er Beate Steckhan auf das Gut von Gräfin von Arnim in Groß-Spreewald und half so, sie zu retten.[73] Seine letztlich vergeblichen Bemühungen, die jüdisch-stämmige Christin Caroline Borchardt-Ehrmann vor der Verbringung in das sei Oktober 1941 fertiggestellte »Judenlager Milbertshofen« zu bewahren und damit vor Theresienstadt, sind nachzulesen in dem Gedenkband »Das Land hat keine Kinder und kein Licht.«[74] Pfarrer Johannes Zwanzger (siehe Kapitel 3.2) stellte angesichts auch solcher vergeblichen Bemühungen fest: »Es gehört zu meinen schönsten beruflichen Erfahrungen, daß Dekan Langenfaß und die gesamte Münchner Pfarrerschaft geschlossen hinter meiner Arbeit stand.«[75] Der Münchner Dekan stand darüberhinaus auch in enger Beziehung zum »Kreisauer Kreis« um Carl Friedrich Goerdeler. Er war auch beteiligt an den Planungen um eine neue bayerische Regierung nach Beseitigung des Regimes der Nationalsozialisten – so mündliche Berichte aus der Familie.

- Dem dritten Pfarrer von St. Markus, **Walter Hennighausen**, gelang es, Judenchristen zumindest vorübergehend unterzubringen oder ihnen mit Lebensmittelmarken und Arbeitsplätzen zu helfen.[76]
- Der evangelische Gestapomann **Hans Ebenbeck** hat nicht nur die Verbringung von Pfarrer Leonhard Henninger ins KZ verhindert, sondern auch einen Juden in seiner Wohnung verborgen gehalten und von 1944 bis 1945 mehrere Personen vor der Deportation gewarnt.[77]
- **Leonhard Henninger** (Vereinsgeistlicher der Inneren Mission und Bezirksjugendpfarrer), der auch mit Pfarrer Zwanzger in der Hilfsstelle der Inneren Mission (siehe Kapitel 3.2) aktiv war, nahm 1943 gegen den Widerspruch von Wohnungsamt und Partei die in der Lampadiusstraße in München ausgebombte jüdische Familie Meyer in seiner Wohnung auf.[78]
- In der St. Johannesgemeinde war es Diakon **Wilhelm Wohlmacher**, der mit Wissen seines Pfarrers August Rehbach der Familie von Prof. Süßheim Unterkunft bot, bis die Ausreise nach Istanbul möglich wurde. Auch eine jüdische Bekannte, »Tante Irma« genannt, fand hier 1942 vorübergehend ein Unterkommen.[79]
- Im Jahre 2008 konnte dargestellt werden, dass das jüdischstämmige Gemeindeglied der **Kreuzkirche**, Irmgard Meyenberg, im Haus des Ehepaares Lempp in der Isabellastraße 20 versteckt worden war.[80]
- Das Kind einer Jüdin, Toni/Denny Fleischmann, suchte der »Völkische Beobachter« unter der Überschrift »Ein vierjähriges Kind ist entführt worden«. Was war tatsächlich geschehen? Ludwig Fleischmann, einem Berliner Juden, gelang im September 1938 die Ausreise nach Uruguay. Seine Frau Else und den Sohn Toni/Denny wollte er nachholen. Das war aber dann nicht mehr möglich. So musste Else Fleischmann, wie alle Juden ab 1941, stets mit der Deportation rechnen. Doch ihren dreieinhalbjährigen Sohn wollte sie auf je-

den Fall vor der Vernichtung retten. Schweren Herzens übergab sie ihn hilfsbereiten Menschen. Zunächst verbargen diese ihn in Thüringen, dann in einem evangelischen Kinderheim im Schwarzwald. Als er dort nicht mehr bleiben konnte, waren der evangelische Lektor und Schriftsteller **Otto von Taube** und seine Frau bereit, ihn Juli/August 1943 in ihrer Gautinger Wohnung aufzunehmen. Als die Situation auch hier gefährlich wurde, bat Taube Pfarrer **Leonhard Henninger** von der Inneren Mission München, Toni/Denny zu verbergen.[81]

Der jüdische Bub Toni Fleischmann mit seiner Mutter Else, 1943, kurz bevor sich die beiden trennen mussten.

Toni Fleischmann, 1941.

Schwester Magdalena Lindt, Hausmutter im Evangelischen Waisenhaus in München.

Pfarrer Leonhard Henninger, Vereinsgeistlicher der Inneren Mission.

Henninger übernahm das Kind und brachte es im Evangelischen Waisenhaus an der Kaulbachstraße unter. Hier blieb es eine Weile, wurde aber zwischendurch immer wieder in das Ausweichkinderheim Schlegldorf bei Lenggries gebracht, um keinen Verdacht zu erwecken. Einige Tage verbarg Henninger den Buben auch im Haus seiner Schwiegereltern Adolf und Katharina Kayser in der Grünspechtstraße 14 in München. Als die Gestapo das Kind ganz offen suchte und die Bevölkerung aufrief, bei der Auffindung mitzuhelfen, verabredeten sich Henninger und die leitende Schwester des Waisenhauses, **Magdalena Lindt** (gest. 1950), das Risiko auf sich zu nehmen und den Buben weiter zu verstecken. (»Möge uns selbst treffen, was uns auch treffe.«)

Da es immer wieder zu Hausdurchsuchungen in den Waisenhäusern kam, musste Tonis Aufenthaltsort ständig gewechselt werden. So gelang es tatsächlich, das Kind vor dem mörderischen Zugriff der Gestapo zu bewahren. Auch seine Mutter, Else Fleischmann, überlebte in stets wechselnden Verstecken in Berlin die Zeit des nationalsozialistischen Terrors. Inzwischen galt Denny als elternlos und wurde zur Adoption freigegeben. Aber rechtzeitig fand Else Fleischmann doch noch ihren Sohn bei einer Frau Sennewald in Hamburg. Nach der

Denny Fleischmann mit Ehefrau in Montevideo/Uruguay, 2014.

schließlich geglückten Vereinigung von Mutter und Kind nach 1945 konnten beide Juni 1949 zu Ehemann und Vater nach Südamerika ausreisen. Heute lebt Toni/Denny Fleischmann in Montevideo/Uruguay.[82] (Kompletter Bericht siehe Anhang 3)

Walter Classen war Besitzer des Ackermann Kunstverlages in München. Sein Bemühen bestand darin, möglichst vielen Juden zur Flucht zu verhelfen.

Besonders herauszustellen sind aber die selbstlosen Bemühungen des Gemeindegliedes von St. Markus, **Walter Classen** (1883–1955). Über seine Mutter war er Schweizer Staatsbürger, lebte aber mit seiner Familie als Verlagsbuchhändler in Deutschland. 1937 kam er nach München und erwarb den Ackermann Kunstverlag. Mit seiner Ehefrau Emilie gehörte er hier auch zum sogenannten Lempp'schen Kreis (siehe Kapitel 5.1). Walter Classen war offenbar auch für Pfarrer **Zwanzger**, den Leiter der Hilfsstelle für die »Glaubensgenossen in Not« (Betreuung von Judenchristen siehe Kapitel 3.2), ein unverzichtbarer Helfer, wenn es um die illegale Verbringung von Juden ins Ausland ging.[83] Dass Zwanzger und Classen verschwöre-

Der Verleger Walter Classen mit Töchtern Gretel (rechts) und Lore (links), 1944 oder 1945.

risch zusammenarbeiteten, zeigt ein kurzes Schreiben Zwanzgers an Classen vom 25. Juli 1942, aus dem hervorgeht, dass sie sich gegenseitig die Namenslisten von Menschen zusandten, deren Verbringung ins KZ anstand. Eine deutlichere Korrespondenz war damals nicht möglich:

25. Juli 1942
Herrn
Walter C l a s s e n
M ü n c h e n
Maria Theresienstr. 19

Sehr geehrter Herr Classen!
Anliegend sende ich Ihnen das Verzeichnis[84]*, nachdem ich einige Abschriften genommen habe, wieder zurück. Im Laufe des Montag wird die Angelegenheit erledigt. Mit herzlichem Gruß!*[85]

Classen handelte aber auch selbstständig. Er brachte geflüchtete Juden im bayerischen Oberland unter und organisierte mit dem württembergischen Pfarrer Hermann Diem einen Fluchtweg über Österreich und Südtirol in die Schweiz.[86] Durch entsprechende Beziehungen zu Beamten war er auch in der Lage, notwendige Passformulare zu besorgen. Im Notfall stahl er sie. Mit diesen Formularen ließ er dann Pässe ausstellen für Menschen, die untertauchen sollten. Um Juden mit falschen Pässen über Serfaus in die Schweiz schaffen zu können, brachte er auch persönlich große finanzielle Opfer. Pfarrer **Walter Hennighausen** hat berichtet, wie dieser mutige Fluchthelfer damals arbeitete:

> »Dann wandte er sich zu mir. ›Sehen Sie, dahinten drin habe ich meine Judenkartei; für die hier Angeführten habe ich zu sorgen.‹ Er erklärte mir, dass er mit einem ganzen Netz von solchen Betreuern in Verbindung stehe, von denen er aber nur drei wirklich kenne. Eine Vorsichtsmaßnahme gegen die Geheimpolizei. [...] er wollte eine Jüdin untertauchen lassen. Durch eine gute Beziehung zu einem wohlwollenden Polizeimeister habe er eine Reihe unterschriebener und gestempelter Personalanmeldebogen, um Leute mit anderen Namen versehen zu können. [...] Er erklärte mir, daß er den nächsten Fliegerangriff abwarte. Dann bestellte er die Jüdin. Sie mußte zur nächsten Polizeistation und angeben, daß sie auf der Reise hier in den Fliegerangriff gekommen, alles verloren habe. Hier sei eine Bestätigung einer polizeilichen Anmeldung vor kurzem und sie bitte, ihr wieder eine Kennkarte auszustellen nach diesen Daten. ›Diese Wege sind die einzige Hilfe, die ich habe‹, endete Herr Classen, der übrigens noch vor Kriegsende nach Zürich zurückgegangen [...] ist.«

29

Reichsverband der deutschen Zeitschriften-Verleger e. V.

Fachverband der Reichspressekammer

Absender: Reichsverband der deutschen Zeitschriften-Verleger e. V., Berlin W. 35,
Potsdamer (Privat-) Straße 121 d

Fernsprech-Sammelnummer: B 1 Kurfürst 9161 / Postscheck-Konto: Berlin 21791

K. Thienemanns Verlag
z.Hd.Herrn Walter C l a s s e n

Stuttgart

Blumenstr.36

Ihre Zeichen	Ihr Schreiben vom	Unsere Zeichen	Berlin
		Stm/We/V	11.5.1937

Betrifft: Nachweis der Abstammung von Vorfahren deutschen oder artverwandten Blutes

Der uns zurückgereichte Personalbogen zum Nachweis der Abstammung von Vorfahren deutschen oder artverwandten Blutes ist unvollständig ausgefüllt. Es fehlen noch die in der Anlage verzeichneten Angaben.

Der Nachweis der deutschblütigen Abstammung ist somit nicht vollständig erbracht. Sie wollen sich daher nochmals an Hand beiliegenden Merkblattes um die Beibringung der in der Anlage verzeichneten Angaben bemühen. Zu diesem Zweck räumen wir Ihnen eine erneute Frist bis zum 26.5.1937 ein.

Sollten sich bis zum gesetzten Termin die ausstehenden Angaben nicht ermitteln lassen, so wollen Sie uns bitte den in dieser Angelegenheit geführten Schriftwechsel und die gesamten Originalurkunden zwecks Überprüfung überreichen.

Wir weisen Sie darauf hin, daß Sie gemäß Artikel III, Ziffer 1d und Artikel IV, Ziffer 3 der Anordnung des Herrn Präsidenten der Reichspressekammer zur Wahrung der Unabhängigkeit des Zeitschriftenverlagswesens vom 30. April 1936 verpflichtet sind, den Nachweis der Abstammung von Vorfahren deutschen oder artverwandten Blutes bis zum Jahre 1800 zurück zu erbringen.

Heil Hitler!

REICHSVERBAND DER DEUTSCHEN ZEITSCHRIFTEN-VERLEGER
i.A.

Stammer
Sippenforscher

Anlagen!

KB
Fam. Classen

Dieses Schreiben des Reichsverbandes der deutschen Zeitschriftenverleger an Walter Classen ist ein Beispiel dafür, dass der Nachweis der arischen Abstammung in allen Bereichen der Gesellschaft von den Nationalsozialisten eingefordert wurde. Auch die wirtschaftliche Existenz hing von diesem Nachweis ab.

Die für die Erstellung neuer falscher Pässe benötigten Biografien von bereits verstorbenen Personen lieferte Hennighausen aus seiner Pfarramtskartei.[87] Als die Familie Classen im Oktober 1943 in der Maria-Theresia-Straße 19 ausgebombt worden war, zog sie nach Zürich zurück. Im August 1955 verstarb Walter Classen in Stuttgart. Zu seinem 60. Geburtstag, 1943, hatte ihn ein Freund zutreffend charakterisiert: »Um Leiden wissend und doch sehr beglückt, wie es nur Menschen eigen, welche immer des Lebens Gut bewusst als Lehen tragen, für die das Sein ein Spiegel jener Kraft, die uns von Ewigkeit das Leben lenkt. Anderen zu helfen lässt Dich alles wagen, Liebe zum Nächsten in dir wirkt und schafft.«

- Frau **Zaller-Früchtl**, die Sekretärin im Ackerman Kunstverlag, war die verschwiegene und unverzichtbare Helferin Walter Classens bei den Unternehmungen zur Rettung von Juden. Sie hatte sein Vertrauen gewonnen, nachdem sie eine untergetauchte Jüdin in Walchensee gewarnt und diese nach Garmisch in ein sicheres Versteck bei einem Pfarrer begleitet hatte. In München konnte sie drei jüdische Personen rechtzeitig vor dem anstehenden Transport nach Theresienstadt warnen. Zwei von ihnen konnten sich verstecken und überlebten.[88]
- **Hans Michael Schmidt** nahm als Berufsoffizier bereits am Ersten Weltkrieg teil und wurde dann wieder 1939 als Hauptmann der Reserve zur Wehrmacht einberufen. Er wohnte in Baldham, Schwalbenstraße 7. Wegen seiner Beteiligung am Marsch Hitlers auf die Feldherrnhalle 1923 war Schmidt mit dem »Blutorden« der NSDAP dekoriert worden. Mit dieser Auszeichnung hatte er stets besondere Kontakte zu Nazi-Größen in Berlin. Innerlich aber wuchs sein Widerstand gegenüber dem Nationalsozialismus. So ist es zu verstehen, dass er auch bereit war, sich für verfolgte oder gefährdete Juden einzusetzen. Dabei arbeitete er zwi-

schen 1934 und 1936 eng mit **Landesbischof D. Hans Meiser** zusammen. Beide trafen sich in konspirativer Weise und mit großem Risiko in Schmidts Wohnung in Baldham und stellten Listen mit Namen von Juden zusammen, denen dringend geholfen werden musste. Vor allem ging es um die Ermöglichung der Ausreise. Schmidt versuchte dann über seine Kontakte in Berlin die Probleme zu lösen. Wem hier alles geholfen werden konnte, ist jedoch nicht bekannt. Später wurde Schmidt von höchster Stelle bedeutet, er solle seine Bemühungen für die Juden einstellen, andernfalls müsse er erhebliche Konsequenzen für seine Person in Kauf nehmen. Damit endeten die geheimen Treffen von Meiser und Schmidt zur Rettung von Juden.[89]

■ Die **Pfarrer der Christuskirche** in Neuhausen, **Ernst Kutter, Kurt Frör** und **Leonhard Henninger**, waren engagierte Mitglieder der Bekennenden Kirche in München. Der Gestapo waren sie schon länger als Regimegegner aufgefallen. Frör bereits in seiner Nürnberger Zeit.[90] Verhöre durch die Gestapo und das Verbot, Religionsunterricht zu halten[91], waren die Folge (siehe auch Anm. 79). Zu ihrem Einsatz für die aus dem Judentum stammenden Christen ist das Schicksal der Familie Joelsen dokumentiert:[92] Ludwig Joelsen kam aus dem Judentum, war aber evangelisch getauft worden, seine Frau war katholische »Arierin«. Beide waren treue Glieder der Christusgemeinde. So wurde auch ihr Sohn Walter evangelisch getauft. Aber als Walter Joelsen 17 Jahre alt war (1943), musste er trotzdem als »Halbjude« das Gymnasium verlassen. Um Schlimmeres zu vermeiden, sorgten nun die Pfarrer der Christusgemeinde dafür, dass er als Hilfsjugendwart und als Hilfsmesner angestellt wurde. So leisteten sie ganz praktischen Widerstand gegen die rassistischen Maßnahmen der Nationalsozialisten. »Die Kirche – Arbeitgeber und zugleich der Ort, an dem sich fast mein gesamtes Leben abspielte.« Ver-

Die Christuskirche in Neuhausen vor ihrer Zerstörung durch Bombenangriffe 1944.

hindern konnte diese Anstellung aber nicht, dass die Gestapo Walter Joelsen noch im Herbst 1944 in ein Zwangsarbeitslager verbrachte. Am Ostersamstag 1945 wurde er durch amerikanische Soldaten befreit.

Der Münchner **Kreisdekan Oscar Daumiller** (1882–1970), zuständig für das KZ Dachau, versuchte durch mancherlei legale und illegale Bemühungen, das Schicksal von Inhaftierten wenigstens zu erleichtern. Er berichtet über dieses nicht ungefährliche Unterfangen in seinen Lebenserinnerungen:

»Das einzige, was wir liefern durften, war der Abendmahlswein. Als ich im Dezember 1944 bei dem zuständigen Offizier im SS-Lager vorsprach, um diesen Wein abzuliefern, und mich erkundigte, ob ich nicht einen Sack Obst für die Gefangenen dalassen dürfe, genehmigte er das. Es schien sich hier also eine Türe zu öffnen. Ich benützte die Gelegenheit und ohne weitere Eingaben habe ich nun Weihnachtsstollen und andere Weihnachtgaben ins Lager gebracht. Die Fleischfabrik Wülfert in Dachau, in der Gefangene aus dem Lager beschäftigt wurden, hatte an jedem Samstag in gro-

Oberkirchenrat und Kreisdekan Oscar Daumiller (rechts) mit Landesbischof D. Hans Meiser bei der Einweihung der Adventskirche in Aubing, 1940.

ßem Maße Fleisch und Wurst zu liefern. Da war es möglich, einige Körbe mit durchzuschmuggeln. Wülfert war evangelisch. Ich vereinbarte mit ihm, daß er bei seinem Transport ohne Wissen der zuständigen Stellen Lebensmittel, Rauchwaren und Medikamente ins Lager brachte. Die Mannschaften, die den Transport leiteten, ließen sich bestechen. So kam Woche für Woche wichtige und wertvolle Hilfe in den Besitz der Bedrängten und Notleidenden. Die erforderlichen Lebensmittelmarken und Geld schickten uns die Angehörigen, einen Teil hat auch Wülfert selbst gespendet. Pfarrer Endreß und seine Frau in Dachau haben sich hier auch in der Korrespondenz mit den Familien der Gefangenen sehr bewährt. Nicht wenige der inhaftierten Pfarrer haben uns hernach bestätigt, dieser Akt der Fürsorge habe ihnen in der schwersten Zeit das Leben erhalten. Daß diese Gaben nicht nur den Pfarrern zu-

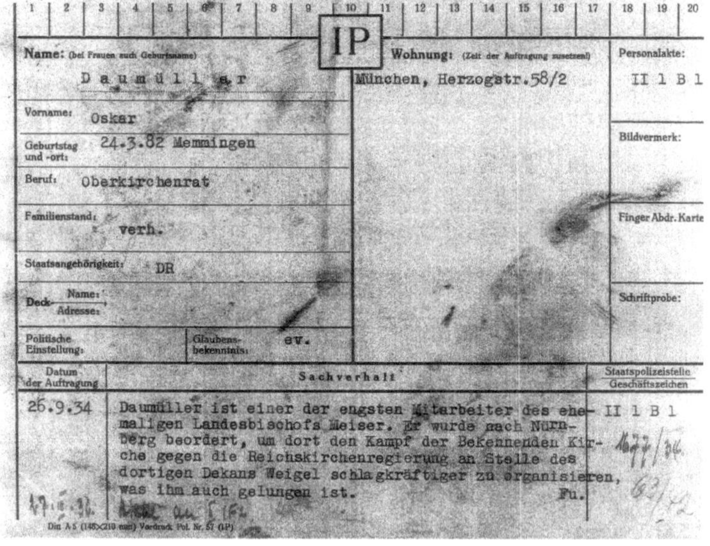

IP

Name: (bei Frauen auch Geburtsname) Daumüller

Wohnung: (Zeit der Auftragung zusetzen) München, Herzogstr.58/2

Personalakte: II 1 B 1

Vorname: Oskar

Geburtstag und -ort: 24.3.82 Memmingen

Bildvermerk:

Beruf: Oberkirchenrat

Familienstand: verh.

Finger Abdr. Karte

Staatsangehörigkeit: DR

Deck- Name: Adresse:

Schriftprobe:

Politische Einstellung:

Glaubensbekenntnis: ev.

Datum der Auftragung	Sachverhalt	Staatspolizeistelle Geschäftszeichen
26.9.34	Daumüller ist einer der engsten Mitarbeiter des ehemaligen Landesbischofs Meiser. Er wurde nach Nürnberg beordert, um dort den Kampf der Bekennenden Kirche gegen die Reichskirchenregierung an Stelle des dortigen Dekans Weigel schlagkräftiger zu organisieren, was ihm auch gelungen ist. Fu.	II 1 B 1

Din A 5 (148×210 mm) Vordruck Pol. Nr. 57 (IP)

Karteikarte von Oscar Daumiller, angelegt von der Gestapo Berlin, gefunden im Wald bei Moj nach dem Krieg. Wie die Karteikarte der Gestapo belegt, war Oberkirchenrat Daumiller bereits 1934 in deren Schusslinie geraten.

gute kamen, konnte ich später aus dem Buch von K. A. Groß ›Fünf Minuten vor Zwölf‹ entnehmen.«[93]

Dass die Nationalsozialisten den Münchner Kreisdekan und Oberkirchenrat Oscar Daumiller als Feind ihres Regimes einschätzen, geht aus zwei Texten hervor, dem Bericht seines Sohnes Martin vom 17. Februar 2007 und der »Bestätigung« von Gefängnispfarrer Dr. Karl Alt (1897–1951) vom 7. November 1945:

> Daumiller: »[...] durch Vaters Buch erfuhr ich, was damals wirklich geschah. Er erzählte mir dazu verschiedene Einzelheiten: Als er im November 1934 von seinem Einsatz in Nürnberg heimkam, erzählten ihm Polizisten ›am 13. Januar 1935 sei Sense‹. Sie zeigten ihm eine lange Liste mit den Namen vieler ihm bekannter Persönlichkeiten, darunter auch die des Bischofs. Hinter Vaters Namen standen als Begründung die Abschiedsworte des Polizeipräsidenten Dr. Martin, Nürnberg: ›Der Kirchenkampf mußte verloren gehen, weil die Intelligenz auf der anderen Seite war.‹ Dazu wurde geschrieben: ›Und diese Intelligenz muß weg.‹ So wußte Vater sofort Bescheid. Es war also Ernst! Im Hause neben uns wohnte damals General Halder. Ihm offenbarte er, was er erfahren hatte. Halder kam dann noch im Januar zu einer Führerbesprechung, klopfte auf den Tisch und erklärte: ›Wenn die Nacht der langen Messer steigt, erkläre ich das Standrecht.‹ Die SS war damals noch nicht so stark und so mußte Adolf Hitler nachgeben.«[94]
>
> Alt: Auf Diensteid bezeuge ich, dass mich der am 13. Juli 1943 hingerichtete Univ.-Professor Dr. Kurt Huber sogleich nach seiner Einlieferung ins Gefängnis München-Stadelheim darauf aufmerksam machte, dass ihm bei seinen Vernehmungen durch die Gestapo belastendes Material über Herrn Oberkirchenrat Os-

> car Daumiller und Herrn Dr. Thierfelder, beide wohnhaft in Gräfelfing, vorgelegt worden sei. Da diese Herren dieserhalb in nicht geringer Gefahr standen, bat mich Professor Huber sie zu warnen, was ich auch umgehend ausgeführt habe.«[95]

Dirk Schönlebe stellt zu diesem Bemühen im »Garten der Gerechten« zusammenfassend fest: »Insgesamt halfen eine ganze Reihe sehr unterschiedlicher Menschen außerhalb der IM-Hilfsstelle ›nichtarischen‹ Christen, die hier dargestellte ist sicher nur ein Ausschnitt aus der tatsächlich geleisteten, aber nicht mehr bekannten Hilfe. In ihr waren sowohl Geistliche als auch Laien aktiv, bei Weitem mehr Personen als nur die Pfarrer der IM. Die Zahl der in München inner- und außerhalb der IM-Hilfsstelle in die Hilfe involvierten Geistlichen, unter ihnen auch der Dekan, lassen es unwahrscheinlich erscheinen, dass Landesbischof Meiser davon nichts wusste.«[96]

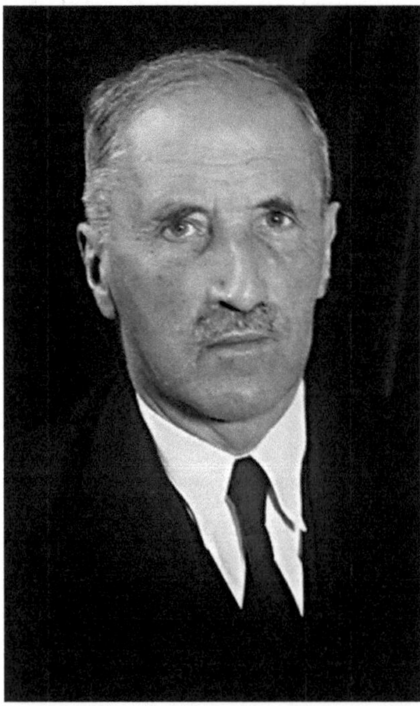

Kreisdekan Oscar Daumiller. Zu seinen Aufgaben gehörte auch das KZ Dachau. Durch viele Bemühungen versuchte er, das Los der Gefangenen zu erleichtern.

5 Widerstand als Gefährdung der eigenen Existenz

Albert Lempp[97]

Albert Lempp, am 13. Februar 1884 in Gablenberg (Württemberg) als Sohn eines Pfarrers geboren, am 9. Juni 1943 in München verstorben, war Glied der Kreuzgemeinde. Das Haus der Familie war und ist noch die Nummer 20 in der Isabellastraße in München.

Albert Lempp war der Inhaber des Christian Kaiser Verlags und der Buchhandlung im Rathaus. Durch die Freundschaft mit dem Pfarrer und Theologen Georg Merz entwickelte er sich zu einem bewussten evangelischen Christen und zu einem bedeutenden Verleger. Mit Georg Merz brachte er 1922 in München den Römerbrief-Kommentar von Karl Barth heraus und begründete bedeutende theologische Zeitschriftenreihen. Durch sein verlegerisches Wirken machte er die sogenannte kerygmatische Theologie in Deutschland bekannt und durch seine Verlagsarbeit wurde München, das damals noch keine evangelische Fakultät besaß, auch ein theologisches Zentrum.

Verleger Albert Lempp. Im nach ihm benannten »Lempp'sche Kreis« traf man sich sowohl zum Gespräch über die Bibel als auch über die politische Situation und Möglichkeiten der Judenhilfe.

Vikar Steinbauers Blick aus der Gefängniszelle, gedruckt und verbreitet von Albert Lempp.

Mit seinen Veröffentlichungen nach 1933 unterstützte Albert Lempp ganz eindeutig die Bekennende Kirche – und riskierte dabei den Verlust des Verlages und seines Vermögens. Unter anderem hat er auch die Bekenntnispredigten von Oberkirchenrat Julius Sammetreuther (siehe Kapitel 2.1) veröffentlicht oder auch die Zeichnung »Blick aus der Gefängniszelle in Weilheim/Obb« von Vikar Karl Steinbauer. In vielen Nachdrucken hat sie mit der Unterschrift »Aber Gottes Wort ist nicht gebunden! 2. Thim. 2,9« ihren Weg in die gesamte Bekennende Kirche gefunden und unzählige Menschen aufgerichtet und getröstet.

Als Vertrauensmann der Bekennenden Kirche war er gleichzeitig Kirchenvorsteher, erst wohl in St. Markus und dann auch in der Kreuzkirche. So gehörte er auch zu den Christen in München, die im Kirchenkampf sich gegenseitig stärkten und stützten. Dieser Verleger musste den nationalsozialistischen Machthabern ein Dorn im Auge sein. Ab 1934 kam es deshalb immer wieder zur Beschlagnahmung von Büchern in seiner Buchhandlung oder von verlegten theologischen Werken. Im Februar 1937 wurde er als »unzuverlässig« aus der Reichsschrifttumskammer ausgeschlossen. Als Lempp die Schriften von Karl Barth nach dessen Ausweisung aus Deutschland trotzdem weiter verlegt, erhält er von der Reichsschrifttumskammer die »schärfste Missbilligung« ausgesprochen. Zum Glück erlebte dieser mutige Verleger und unbeugsame Christ nicht mehr, wie sein Verlag am 26. August 1943 zwangsweise geschlossen und die Buchhandlung ausverkauft und vernichtet wurde. Kurz vorher, im Juni, war er bereits verstorben.

Dass Lempp seinen jüdischen Prokuristen Otto Salomon bis 1938 in seinem Betrieb gehalten hat, wenn auch zum Schluss gezwungenermaßen als kleinen Angestellten, und dann dafür gesorgt hat, dass er mit seiner Frau sicher in die Schweiz kam, wäre vielleicht nur als einzelne Tat erwähnenswert. Sie ist aber Ausdruck einer Grundhaltung, die schon immer im »Lempp'schen Kreis« (auch »Bibelkreis Pfr. Kurt Frör«) eine Rolle gespielt hat. Dieser Kreis im Hause Lempp und Classen firmierte nach außen hin als »Bibelkreis«, zu dem auch Gastreferenten von auswärts geladen wurden. Tatsächlich war das aber auch eine konspirative Runde.[98]

Die Tochter von Walter Classen, Gretel Classen, nennt als Zeitzeugin diesen Kreis »Bibelkreis Pfarrer Kurt Frör«. Frör war offenbar der theologische Leiter dieses Münchner Kreises. Sie erinnert sich daran, dass auch Karl Barth und Hans Bernd Gisevius zu den häufigen Besuchern im Haus ihrer Eltern nach 1945 in der Schweiz gehörten. Gisevius war seit 1939 zur Abwehr im Oberkommando der Wehrmacht eingezogen worden. Im Widerstandskreis um Hans Oster und getarnt als Vizekonsul in Zürich gehörte er auch zum Widerstand des 20. Juli 1944. Ihm gelang es jedoch, sich in die Schweiz abzusetzen. Die Bekanntschaft der Familien Classen und Gisevius ist ein weiterer Beleg dafür, dass der »Lempp'sche Kreis« auch ein konspirativer Kreis war.

Da das Ehepaar Classen als Schweizer Staatsbürger die Möglichkeit der freien Aus- und Einreise hatte, konnten es auch verbotene Materialien und Informationen nach München bringen. So las man in diesem Kreis alle Briefe und Veröffentlichungen Karl Barths (nach seiner Ausweisung aus Deutschland!). Sein Brief »An die Christen von England« wurde vervielfältigt und weitergegeben, obwohl das während des Krieges als Hochverrat galt.[99]

Wohn- und Verlagshaus Kaiser-Lempp, Isabellastraße 20.

Vor allem als es um die Rettung von Juden in München ging, wurde hier geplant und gehandelt. Der Schweizer Walter Classen war hier wichtig, weil er – wenn es sein musste – auch mit krimineller Energie vielen Nichtariern die Ausreise ermöglichen konnte (siehe Kapitel 4). So geschah es auch nicht von ungefähr, dass an Ostern 1943 in diesem Kreis die Denkschrift zur Judenverfolgung entworfen und dem Landesbischof übergeben worden ist, die »Osterbotschaft Münchner Laien« (siehe Kapitel 3.3).

Albert Lempp und Ehefrau Maria.

Johann Georg Elser

Das Attentat vom 8. November 1939 war weder vom Englischen Geheimdienst noch von Hitlers Gegner Otto Strasser in der Schweiz noch von den Nationalsozialisten selbst organisiert worden. (So lauteten verschiedenen Deutungen nach dem Krieg, auch die von seinem Mitgefangenen Martin Niemöller). Johann Georg Elser (1903–1945) war der selbstständig handelnde Alleintäter. Davon war auch sehr bald der von Hitler mit der Untersuchung beauftragte Chef des Reichskriminalpolizeiamtes überzeugt. Artur Nebe stellte gegenüber seinem Freund Hans Bernd Gisevius unmittelbar nach den Verhören fest: »Aber weißt Du, was mit ihm wirklich los war? Dieser Mann aus dem Volke liebte das einfache Volk; er legte mir leidenschaftlich und in simplen Sätzen dar, Krieg bedeutet für die Massen aller Länder Hunger, Elend und millionenfachen Tod. Kein ›Pazifist‹ im üblichen Sinne, dachte er ganz primitiv: Hitler ist der Krieg, und wenn dieser Mann weg ist, dann gibt es Frieden. [...] Jawohl, der Mann wollte einfach nicht den Krieg.«[100]

Es mag erstaunen, dass dieser Name im Zusammenhang

mit evangelischem Widerstand Erwähnung findet. Wenn ja, dann hängt das damit zusammen, dass wir bisher zu wenig über diesen Georg Elser wussten. Peter Steinbach und Johannes Tuchel haben nun umfassend über sein Leben aufgeklärt und die Vernehmungsprotokolle der Gestapo veröffentlicht.[101]

Er ist am 4. Januar 1903 in Hermaringen/Württemberg geboren worden. Die Familie zog dann nach Königsbronn um. Als Eisendreher hat er zunächst gelernt, dann aber die Schreinerlehre als Prüfungsbester abgeschlossen. Später

Gedenktafel für Johann Georg Elser, den Hitler-Attentäter vom 8. November 1939 am Gasteig.

hatte er verschiedene Arbeitsplätze, auch in einer Armaturenfabrik in Heidenheim. Im Herbst 1938 fasste er den Entschluss zur Beseitigung der augenblicklichen Führung (Hitler, Göring, Goebbels) und traf entsprechende Vorbereitungen. Nach einem Arbeitsunfall konnte er sich ganz auf seine geplante Tat konzentrieren. Ab August 1939 lebte er in München in der Türkenstraße 94. In mehr als 30 Nächten konnte er so den Anschlag auf Hitler im Bürgerbräukeller vorbereiten. Bei seinen beruflichen Fertigkeiten fiel es ihm offensichtlich nicht schwer, den Sprengkörper für das Attentat zu bauen.

Am 8. November 1939 ist die Elite des Nationalsozialismus im Bürgerbräukeller versammelt. Hitler hält seine Rede, verlässt aber früher als vorgesehen das Versammlungslokal. Als die Bombe explodiert, liegen acht Tote und über 60 Verletzte unter den Trümmern, aber nicht der Führer. Nach einem missglückten Grenzübertritt in die Schweiz wird Elser als Attentäter erkannt und nach endlosen Verhören in Sachsenhausen und in Dachau als »Leibgefangener« Hitlers in Einzelhaft gehalten. Kurz vor Ende des Krieges wird er am 9. April 1945 in Dachau ermordet (zur gleichen Zeit wie Bonhoeffer, von Dohnany, Canaris und Oster in Flossenbürg). Die Verhörprotokolle der Gestapo geben Einblick in die Motive Elsers für seine Tat:[102]

- Er wollte eine weitere Ausweitung des Krieges nach Westen und »noch größeres Blutvergießen« verhindern.[103]
- Er wollte die verbrecherische Führung beseitigen, nicht den Nationalsozialismus.[104]

Auch über seinen weltanschaulichen und religiösen Hintergrund wissen wir durch die nun veröffentlichten Verhörprotokolle Bescheid.[105]

- Er hatte ein ausgeprägtes Gerechtigkeitsempfinden.[106]
- Die Interessen der Arbeiter waren ihm wichtig (deshalb war er auch 1928/29 in den Roten Frontkämpferbund eingetreten – allerdings ohne besonderes ideologisches Interesse).[107]
- Er war evangelisch getauft. Seine Mutter war sehr fromm, nahm die Kinder oft in die Kirche mit und betete mit ihnen. Später war er ein seltener Kirchenbesucher, behielt aber das Vaterunser als Gebet bei. Seine

Tat hat er mit in dieses Gebet eingeschlossen (Anm. d. Verf.: »... und vergib uns unsere Schuld«?)[108]

- Überzeugt war er auch von der Eigenverantwortung des Menschen: »Gott lässt dem Menschen freien Lauf.«[109]
- Im Jahr 1939 war er 30 Mal in der Kirche: »Nach dem Gebet war ich beruhigt.«[110]
- Als er im Verhör gefragt wurde, ob seine Tat »Sünde im Sinne der protestantischen Lehre« sei, verneinte er das. Der Tyrannenmord ist für ihn offenbar keine Sünde.[111]
- Dennoch ist es ihm nicht gleichgültig, acht Menschen vom Leben zum Tode gebracht zu haben.[112]

Elser begeht das Attentat, um Schlimmeres zu verhüten, nämlich die Ausweitung des Krieges. Bewusst übernimmt er die Verantwortung und die Schuld für sein Tun. Am Ende sucht er keine Ausflüchte, um sein Leben zu retten und trägt auch aufrecht die Folgen seiner Tat.[113] Das ist ein deutlicher Hinweis darauf, dass er nicht ein bloßer Wirrkopf war, sondern, dass er sein Tun sehr wohl auf seinem christlichen Hintergrund reflektiert und sein Gewissen befragt hat. Er tat das sicher nicht auf so hohem intellektuellem Niveau wie ein Dietrich Bonhoeffer (»Man muss dem Rad in die Speichen fallen«), doch im Prinzip nicht anders. Ganz offensichtlich hatte er sich die Unterscheidungsfähigkeit zwischen Gut und Böse erhalten und aus christlicher Verantwortung gehandelt.

Wie waren die Reaktionen seiner evangelischen Kirche in München? Der Landeskirchenrat ordnete an, am Sonntag, dem 12. November im allgemeinen Kirchengebet dieses Gebet einzufügen: »Wir danken dir, dass Du in einer Stunde ernster Gefahr Deine schützende Hand über den Führer unseres Volkes gehalten hast. Wir bitten Dich von Herzen, Du wollest ihn auch weiter in Deinen gnädigen Schutz nehmen und ihn täglich zu seinem schweren Werk ausrüsten mit Kraft aus der Höhe.« – Ein Gebet, das offensichtlich nur das Nötigste ausdrückte, weit entfernt vom »Tedeum Laudamus«, das die katholische Kirche am 12. November im Münchner Dom anstimmte. Das »Evangelische Gemeindeblatt« druckte das vom Landeskirchenrat verordnete Dankgebet ab, benannte aber darüber hinaus das Tun Elsers als »ruchlosen Anschlag auf das Leben des Führers«.[114] Mit dieser Diktion folgte die Redaktion aber ganz offensichtlich der Anweisung der Reichspropagandaämter.[115] Sah seine evangelische Kirche in Georg Elser damals nur einen verbrecherischen Attentäter, der sich gegen die von Gott gegebene Ordnung vergriffen hat?

In unseren Tagen kann Elser durchaus als ein Vorbild für Menschen gesehen werden, die Gottes Willen in Konflikten suchen und bewähren wollen. Und das geht auch heute nicht ohne Schuld ab. Theologisch ausgedrückt: Georg Elser ist ein Lehrbeispiel für die Konfliktethik.

Hans und Sophie Scholl

Auch diese bekannten Namen dürfen im Zusammenhang mit dem Thema genannt werden. Allerdings muss vermieden werden, sie sofort für einen »evangelischen Widerstand in München« zu vereinnahmen. Es darf aber erwähnt werden, – wie bei Elser – dass beide vorübergehend ein Teil der Münchner Gemeinde waren – und dass sie als ihre Glieder hier starben. Ebenso Hans Conrad Leipelt.

Büste von Sophie Scholl im Lichthof der Ludwig-Maximilians-Universität München.

Karl Alt war Pfarrer an der Lutherkirche in München-Giesing und Gefängnispfarrer in Stadelheim. Hier betreute er auch die Geschwister Scholl und Hans Leipelt.

Bodendenkmal für die Mitglieder der Weißen Rose. Lichthof Ludwig-Maximilians-Universität München.

In Ulm sind die Geschwister Hans Scholl (1918–1943) und Sophie Scholl (1921–1943) in einem bewusst evangelischen Elternhaus aufgewachsen. Ihre Mutter war vor der Heirat Diakonisse gewesen. Die Motive und Beweggründe für die Aufnahme ihres Widerstandes waren bei den einzelnen Mitgliedern der »Weißen Rose« wohl unterschiedlich. Für einige von ihnen aber gilt, – und sicher auch für die Geschwister Scholl – dass sie aus christlicher Verantwortung tätig geworden sind. Aus den Schilderungen der Schwester Inge[116] geht hervor, dass die jungen Leute von einem erstaunlich tief gegründeten Glauben getragen wurden: »In dieser Zeit wurde ihnen Christus der seltsame, große Bruder, der immer da war, noch näher als der Tod. Der Weg, der kein Zurück duldete, die Wahrheit, die auf so viele Fragen Antwort gab, und das Leben, das volle, erfüllte Leben.«[117]

So wundert sich Sophie Scholl in ihrem Tagebuch darüber, dass »fromme« Leute sich sorgen um die Existenz Gottes. Für sie ist klar, dass man sich nur fürchten muss um die Existenz der Menschen, »weil sie sich von Gott abwenden, der ihr Leben ist«.[118]

Und Hans Scholls Äußerung vor Weihnachten 1941 kommt geradezu einem persönlichen Bekenntnis gleich: »Die Geburt des Herrn ist mir das grösste religiöse Erlebnis. Denn er ist mir neu geboren. Europa wird zu diesem Lichte sich wenden müssen oder es wird untergehen!«[119]

Unmittelbar vor ihrem Ende war es den Eltern Scholl noch gelungen, sich von ihren Kindern zu verabschieden. »Noch einmal sagte die Mutter: ›Gelt Sophie: Jesus.‹ Ernst, fest und fast befehlend gab Sophie zurück: ›Ja, aber du auch.‹ Dann ging auch sie – frei, furchtlos, gelassen. Mit einem Lächeln im Gesicht.«[120]

So ist es auch nicht erstaunlich, dass Pfarrer Dr. Karl Alt von der Lutherkirche in Giesing, der auch Gefängnispfarrer war, am 22. Februar 1943 zwei junge Menschen im Vollstreckungsgefängnis München-Stadelheim antraf, die durchaus auf ihren Tod vorbereitet waren. Mit beiden konnte er noch das Abendmahl feiern, bevor sie auf das Schafott geführt wurden.[121] Aus dem Abschiedsbrief von Hans Scholl hat sich Pfarrer Alt Folgendes notiert:

Meine allerliebsten Eltern!
[…] *Ich bin ganz stark und ruhig. Ich werde noch das Heilige Sakrament empfangen und dann selig sterben. Ich lasse mir noch den 90. Psalm vorlesen. Ich danke Euch, dass Ihr mir ein so reiches Leben geschenkt habt. Gott sei bei uns. Es grüßt euch zum letzten Male Euer dankbarer Sohn Hans.* […]

P.S. Jetzt ist alles gut, ich habe noch die Worte des 1. Korintherbriefes gehört: ›Wenn ich mit Menschen- und mit Engelzungen redete und hätte der Liebe nicht, so wäre ich ein tönend Erz und eine klingende Schelle.‹[122]

Hans Conrad Leipelt
Die damalige Verlobte von Hans Conrad Leipelt, Marie Luise Schultze-Jahn, sagte dem Autor vor einiger Zeit, dass Leipelt der Kirche gegenüber sehr kritisch gewesen sei. Aber es gibt auch noch andere Berichte über Hans Conrad Leipelt, sodass es angebracht ist, ihn auch in dieser Darstellung zu erwähnen.

Hans Conrad Leipelt, Bodendenkmal für die »Weiße Rose«, Lichthof der Ludwig-Maximilians-Universität München.

Leipelt wurde am 18. Juli 1921 in Wien geboren. Die Familie siedelte aber bald nach Hamburg über. Die evangelischen Eltern ließen ihre Kinder taufen und konfirmieren. Trotzdem galt Hans Conrad Leipelt später den Nazis als »Halbjude«, denn seine Mutter stammte aus dem Judentum. Nach dem Abitur meldete er sich zum Reichsarbeitsdienst und zur Wehrmacht. Als junger Soldat kämpfte er im Zweiten Weltkrieg in Polen und in Frankreich. Trotz des Eisernen Kreuzes aus dem Polenfeldzug wurde er aber 1940 aufgrund des Erlasses gegen »jüdische Mischlinge« aus dem Heer entlassen. Er durfte auch nicht an der Hamburger Universität sein Chemiestudium abschließen. So kam er nach München. Hier wurde er, wie zahlreiche andere, die von den Rassegesetzen betroffen waren, von Prof. Heinrich Otto Wieland geschützt und gedeckt (siehe Einleitung) – bis ihm der Prozess gemacht wurde.

Weshalb der Prozess? Trotz der Hinrichtung von Hans und Sophie Scholl und anderen Mitgliedern der »Weißen Rose« waren die Funken des Widerstands in München nicht völlig ausgetreten worden. Hans Conrad Leipelt und seine Verlobte Marie Luise Schultze-Jahn beschlossen die Arbeit der Widerstandsgruppe »Weiße Rose« fortzusetzen. Das sechste Flugblatt der »Weißen Rose«, das Hans und Sophie Scholl in den Lichthof der Ludwig-Maximilians-Universität geworfen hatten, vervielfältigten und verbreiteten sie ab April 1943. Sie versahen es mit dem Zusatz »Und ihr Geist lebt trotzdem weiter!«

Als Hans Conrad Leipelt für die mittellos zurückgebliebene Witwe von Prof. Kurt Huber Geld sammelte, wurde er als Gesinnungsgenosse der »Weißen Rose« und als Hörer ausländischer Sender denunziert und anschließende am 8. Oktober 1943 mit seiner Verlobten (sie am 18. Oktober) verhaftet. Ein Jahr lang wurden sie in Untersuchungshaft gehalten Am 13. Oktober 1944 fand dann in Donauwörth der Prozess vor dem Sondergericht statt. Die Anklage lautete: »Vorbereitung zum Hochverrat in Tateinheit mit Wehrkraftzersetzung, Feindbegünstigung und Rundfunkverbrechen.« Leipelt wusste wohl, dass er als »Halbjude« keine Chance hatte vor diesem Gericht. So bat er den Anwalt von Schulze-Jahn, alle Verantwortung für die Widerstandshandlungen auf ihn zuschieben, um wenigstens das Leben seiner Verlobten zu retten. Das geschah so. Nicht zuletzt auch durch den mutigen Auftritt ihres Institutsprofessors Heinrich Otto Wieland (siehe Einleitung) wurde lediglich Hans Conrad Leipelt zum Tode verurteilt. Während seine Verlobte zwölf Jahre Zuchthaus erhielt und so das »Dritte Reich« überlebte, wurde Hans Conrad Leipelt noch am 29. Januar 1945 im Vollstreckungsgefängnis München-Stadelheim hingerichtet.

Auch ihn hat der evangelische Gefängnispfarrer Dr. Karl Alt begleitet, ein ganzes Jahr lang, während der Untersuchungshaft. Er wusste zu berichten,[123] dass dieser junge Mann sich von einem Skeptiker zu einem entschiedenen Christen gewandelt hat. Die Bibel und die evangelischen Choräle waren ihm dabei zu einem unverzichtbaren Schatz geworden. Getröstet von dem Wort aus Lukas 21,28 »Erhebt eure Häupter, darum, dass sich eure Erlösung nahet« ging er mit fröhlicher Ruhe, ja fast Ausgelassenheit, zum Schafott.

Die evangelische Jugend Münchens sah in Hans Conrad Leipelt ihren Grundsatz »fromm und politisch« in besonders eindrucksvoller Weise verwirklicht und benannte deshalb im Januar 1995 das Freizeitenheim in Grafrath nach diesem Widerstandskämpfer, der ein evangelischer Christ war.

Diese Darstellung wollte aufgezeigt, dass das »Atoll des evangelischen Widerstandes« in München nicht so klein und unbedeutend war, dass es – wie bisher weitgehend geschehen – vernachlässigt werden darf. Es gibt doch eine Fülle an Personen und Ereignissen, die es wert sind, dargestellt zu werden.

6 Zusammenfassende Beurteilung

Am Ende dieser Arbeit soll der Versuch stehen, »evangelischen Widerstand« in wenigen Sätzen zusammenzufassen und einer Beurteilung zu unterziehen:

1. Evangelischer Widerstand in München zielte zunächst auf den Erhalt der Kirche und ihres Bekenntnisses in Auseinandersetzung mit den »Deutschen Christen« und mit dem Nationalsozialismus. In diesem Bereich ist man weitgehend kompromisslos geblieben. Den Totalanspruch des Regimes hat man mit dem ersten Gebot abgewehrt. Von »Bekenntniswiderstand« kann jedenfalls gesprochen werden. Doch Bekenntniswiderstand war damals immer auch politischer Widerstand. Davon zeugen nicht nur die »Ulmer Erklärung« und das »Barmer Bekenntnis«.
2. Dass aber die Evangelisch-Lutherische Kirche in Bayern und damit auch in München während der Zeit des Nationalsozialismus durch diese Abwehr »intakt« geblieben ist, also ihre relative Freiheit bewahrt hat, hat sie mit vielerlei Kompromissen bezahlen müssen. Vor allem mit einer letztlich ungebrochenen Loyalität gegenüber der »von Gott gegebenen Obrigkeit«. Trotz aller Unterdrückung und Repression gab es jedenfalls keine Fundamentalopposition. Man hütete sich, das Regime grundsätzlich infrage zu stellen.
3. Eine nicht zu unterschätzende positive Folge dieser »Intaktheit« war jedoch, dass die Unterdrückung durch die Machthaber relativ milde ausgefallen ist. Anders als in den zerstörten Landeskirchen waren nur zwei bayerische Pfarrer vorübergehend im KZ, Vikar Karl Steinbauer von Penzberg und Pfarrer Wolfgang Niederstrasser aus Warmensteinach. Der Leiter der Landeskirchenstelle in Ansbach, Friedrich von Praun,

starb allerdings als Märtyrer der Evangelisch-Lutherischen Kirche Bayerns in der Justizvollzugsanstalt Bärenschanzstraße in Nürnberg.

4. Innerhalb dieses Grundmusters von Loyalität war jedoch erstaunlich viel an Zivilcourage, Opposition und Wider-Ständigkeit bis hin zum offenen Widerstand unter Lebensgefahr möglich und auch vorhanden. Gerade auch in München – wie diese Arbeit hoffentlich gezeigt hat.
5. Wenn man von mangelndem Widerstand, von Versagen und Schuld der Akteure in der Kirche während der Zeit des Nationalsozialismus reden will, dann muss man sorgfältig prüfen, worin diese Schuld bestanden haben mag. Welche Einsichten waren den Menschen damals gegeben? Unter welchen Zwängen standen sie? Hatten sie überhaupt Handlungsalternativen? Und schließlich muss sich der Beobachter von heute immer auch der Frage stellen, wie er wohl selbst gehandelt hätte in den Konfliktsituationen, die der allgegenwärtige Terror der Nationalsozialisten entstehen ließ.

Zugestehen sollte man den Menschen von damals jedenfalls, dass sie weder Dummköpfe noch Schurken waren und dass sie nach bestem Wissen und Gewissen gehandelt haben. Vielen von ihnen darf man großen Respekt nicht versagen.

Hermann Diem, der immerhin der Verfasser der »Osterbotschaft Münchner Laien« war, machte einen bemerkenswerten Versuch, das Schweigen der Kirche gegenüber den Judengräueln zu erklären:

> »Daß die Kirchenleitungen nicht öffentlich Stellung nahmen, lässt sich zum Teil aus der raffinierten Taktik der Nazis erklären, die verschiedene ›Kategorien‹ von ›privilegierten‹ Juden unterschieden, die sie zunächst noch verschonten, wobei sie jedoch der Kirche drohten, diese

ebenfalls zu ›deportieren‹, sobald die Kirche öffentlich eingreife. Die Kirche ließ sich dadurch immer wieder zurückhalten, ›um Schlimmeres zu verhüten‹, und fand auf diese Weise nie den Absprung zum Handeln. Und als offenkundig wurde, daß sie damit die ›Endlösung‹ nicht aufhalten konnte, war es für alles Protestieren zu spät. Diese Lähmung und Verwirrung des Widerstandes geschah nicht nur in Deutschland, sondern ebenso in den von den Deutschen besetzten Gebieten«.[124]

Anmerkungen

1 Hamm-Brücher, Hildegard: Freiheit ist mehr als ein Wort: eine Lebensbilanz. 1921–1996, Köln 1996, S. 64–65.

2 Kutter, Ernst, Pfarrer: Pfarrbeschreibung der Christuskirche, München 1941, S. 173–174; Kitzmann, Armin Rudi: Mit Kreuz und Hakenkreuz. Die Geschichte der Protestanten in München 1918–1945, München 1999, S. 179–180.

3 Kitzmann, Mit Kreuz und Hakenkreuz, S. 202.

4 Dietzfelbinger, Hermann: Veränderung und Beständigkeit: Erinnerungen, München 1985, S. 21.

5 Röhm, Eberhard; Thierfelder, Jörg: Juden, Christen, Deutsche. 1933–1935 (Band 1), Stuttgart 2004, S. 222f.

6 Evangelisches Gemeindeblatt für München 1933, S. 542.

7 Hermelink, Heinrich (Hg.): Kirche im Kampf. Dokumente des Widerstands und des Aufbaus in der evangelischen Kirche Deutschlands von 1933 bis 1945, Tübingen 1950, S. 64.

8 Ebd. S. 65.

9 Ebd.

10 Zu diesem Empfang bei Hitler siehe auch: Braun, Hannelore (Hg.): Verantwortung für die Kirche. Stenographische Aufzeichnungen und Mitschriften von Hans Meiser 1933–1955. Sommer 1933 bis Sommer 1935 (Band 1), Göttingen 1985, S. 240.

11 Kretschmar, Georg; Nicolaisen, Carsten (Hg.): Dokumente zur Kirchenpolitik des Dritten Reiches. Vom Beginn des Jahres 1934 bis zur Errichtung des Reichsministeriums für die Kirchlichen Angelegenheiten am 16. Juli 1935 (Band 2), München 1975.

12 Wie Anm. 10, S. 250.

13 Wie Anm. 10, S. 252.

14 LAELKB-LKR II, 233a, Bd.I; LAELKB AN-KKU Nr.11.

15 Hermelink, Kirche im Kampf, S. 87–89; Gauger, Joachim (Hg.): Chronik der Kirchenwirren. Vom Aufkommen der »Deutschen Christen« 1932 bis zur Bekenntnis-Reichssynode im Mai 1934 (Band 1), Elberfeld 1934, S. 181.

16 Text der Erklärung: Hermelink, Kirche im Kampf, S. 109–113. Ausführliche Darstellung der Entstehung der »Barmer Erklärung« wie Anm. 10, S. 274–275.

17 LAELKB Meiser 25; Stoll, Christian: Dokumente zum Kirchenstreit. Der Weg der Evangelisch-Lutherischen Kirche in Bayern (Band 5), München 1935, S. 16f.

18 Bayerisches Hauptstaatsarchiv München, MA 99526.

19 Berichte über die Besetzung des Landeskirchenrates ab 11. Oktober und die nachfolgenden Protestaktionen:
Kitzmann, Mit Kreuz und Hakenkreuz; Kutter, Pfarrbeschreibung der Christuskirche, S.264–270. Im bisher unveröffentlichten Nachlass von

Oberkirchenrat Thomas Breit (im Besitz des Autors) liegt eine detailgenaue Darstellung des Ablaufes der Besetzung vor.
Baier, Helmut: Chronologie des bayerischen Kirchenkampfes 1933–1945, Nürnberg 1969, S. 86ff.
Schieder, Julius: D. Hans Meiser DD. Wächter und Haushalter Gottes, Gunzenhausen 1956, S. 25–29, S. 34–39.
Putz, Eduard; Tratz, Max: Bauern kämpfen für ihren Bischof, in: Winter, Helmut (Hg.): Zwischen Kanzel und Kerker: Augenzeugen berichten vom Kirchenkampf im Dritten Reich, München 1982, S. 9-23.
Geuder, Karl: Im Kampf um den Glauben: wie ich die Bekennende Kirche erlebte. Erinnerungen und Dokumente aus der Zeit des »Dritten Reichs«, Schweinfurt 1982, S. 56–59.
Bericht von Katechet Veeh,Willy im 8. Sendbrief evangelischer Jungenschaft vom 13. November 1934, abgedruckt bei Geuder, Kampf um den Glauben, S. 53f., und in einem persönlichen Bericht von Macher, Rudolf.
Mack, Georg: Entscheidungsvolle Tage der evangelisch-lutherischen Kirche in Bayern 1934, Ansbach 1958, S. 9–21.
Metzeler, Theodor, Pfarrer in Kautendorf/Hof, Bericht vom 20. Oktober an Verwandte und Freunde.
Hildmann, Gerhard, Leiter des Evang. Presseverbandes München, Brief Nr. 7 vom 11. Oktober 1934.

20 Bühler, Anne Lore: Der Kirchenkampf im evangelischen München, Nürnberg 1974, S. 85f.

21 Siehe Anm. 18.

22 Text von OKR i.R. Rudolf Meiser überliefert.

23 Bayerisches Hauptstaatsarchiv München, Geh. StA. M.A. 107296.

24 Baier, Chronologie des Kirchenkampfes, S. 9.

25 Ebd., S. 97; Hermelink, Kirche im Kampf, S. 195ff.

26 Hermelink, Kirche im Kampf, S. 505f.; Jochmann, Werner (Hg.): Adolf Hitler. Monologe im Führerhauptquartier, 1941–1944. Die Aufzeichnungen Heinrich Heims, Hamburg 1980; Picker, Henry: Hitlers Tischgespräche im Führerhauptquartier, München 2003.

27 Auszug aus den Gesprächen Rauschnigs mit Hitler, zitiert aus Hermelink, Kirche im Kampf.

28 Kitzmann, Mit Kreuz und Hakenkreuz, S. 270.

29 LAELKB LKR 1608a; Gauger, Chronik der Kriegswirren, S. 361.

30 Ebd.

31 Sammetreuther, Julius: Predigtmeditationen über die Altkirchlichen Episteln und die Eisenacher (neuen) Evangelien, München 1936.

32 Bayerisches Hauptstaatsarchiv München, Abt.II, Geh. StA.: Reichsstatthalter 639; StA. Oberbay., Faszikel 25, 369.

33 Bericht im Evangelischen Gemeindeblatt für München 1937, Nr. 26, S. 282.

34 Vgl. dazu Kitzmann, Mit Kreuz und Hakenkreuz, S. 310–314; Kuller, Inge: Eine Kirche, die Hitler im Wege stand. Dokumentation der Ausstellung vom 14. Juni 1998 bis 9. Mai 1999 zur Erinnerung an die Zerstörung der Alten St.-Matthäuskirche in München im Juni 1938, München 1999.

35 In Meiser, Hans: Kirche, Kampf und Christusglaube: Anfechtungen und Antworten eines Lutheraners, München 1982, S. 108f.

36 Der Briefwechsel zwischen Pfarrer Karl Doerfler und Reichsführer Heinrich Himmler liegt dem Autor in Filmen vor.
37 Bericht von Oberbürgermeister Karl Fiehler, Stadtarchiv München, Hochbauamt 897.
38 Der Briefwechsel zwischen Pfarrer Karl Doerfler und Reichsführer Heinrich Himmler liegt dem Autor in Filmen vor.
39 Kitzmann, Mit Kreuz und Hakenkreuz, S. 359.
40 LAELKB Personen XLII, Frör 28, Fragebogen.
41 Das Flugblatt befindet sich im Besitz des Autors.
42 Kitzmann, Mit Kreuz und Hakenkreuz, S. 358; Bühler, Der Kirchenkampf im evangelischen München, S. 360ff.; Fragebogen und Prozessakten in LAELKB Personen XLII, Frör 14 u. 28.
43 Als Flugblatt im Besitz des Autors.
44 Der Briefwechsel zwischen Pfarrer Karl Doerfler und Reichsführer Heinrich Himmler liegt dem Autor in Filmen vor.
45 Familienchronik der Familie Langenfaß von Gertrud Langenfaß nach 1945 verfasst, im Besitz des Autors.
46 Bühler, Der Kirchenkampf im evangelischen München, S. 260.
47 LAELKB Protokoll der außerordentlichen Sitzung des Landeskirchenrates am 19. November 1938.
48 LAELKB, LKR XIV, 1624b.
49 Zwanzger, Johannes: Jahre der Unmenschlichkeit. Eine Rückbesinnung von Kirchenrat Johannes Zwanzger, Neuendettelsau, in: Sonderdruck aus: Concordia, Theologische Hefte 4 (1988), S. 12; Bericht 25. August 1945: LAELKB, LKR 2595.
50 Röhm, Eberhard; Thierfelder, Jörg: Juden, Christen, Deutsche. 1938–1941 (Band 3,2), Stuttgart 1995.
51 Kitzmann, Armin Rudi: Reizperson für Nationalsozialisten und Demokraten: Landesbischof D. Hans Meiser. Dokumentation einer Verurteilung, siehe: www.landesbischof-meiser.de [zuletzt geöffnet am 02.05.2016].
52 Persönliches Schreiben von Pfarrer Johannes Zwanzger vom 28. Februar 1985 an OKR. i.R. Rudolf Meiser, den Sohn von Landesbischof Meiser, Kopie im Besitz des Autors.
53 Vgl. dazu Sommer, Wolfgang: Wilhelm Freiherr von Pechmann: ein konservativer Lutheraner in der Weimarer Republik und im nationalsozialistischen Deutschland, Göttingen 2010.
54 Die Schreiben von Freiherr von Pechmann finden sich bei Kantzenbach, Friedrich Wilhelm: Widerstand und Solidarität der Christen in Deutschland: 1933–1945. Eine Dokumentation zum Kirchenkampf aus den Papieren des D. Wilhelm Freiherrn von Pechmann, Neustadt a.d. Aisch 2000 (zeitlich geordnet).
55 Ebd., S. 17; Zum 3. Advent, 17. Dezember 1939, vgl. Anm. 1.
56 Vgl. dazu Schuster, Gerhard: Das Land hat keine Kinder und kein Licht, München 2006, S. 4ff.
57 Brief von Caroline Borchardt-Ehrmann an Rudolf Alexander Schröder vom 27. Oktober 1941, in: Nachlass Schröder, Deutsches Literaturarchiv Marbach, Kasten 40.
58 Schuster, Das Land hat keine Kinder, S. 46.
59 Briefe von Rudolf Alexander Schröder an Friedrich Langenfaß und an

Friedrich Hofmann, in: Nachlass Schröder, Deutsches Literaturarchiv Marbach, Kasten 23. (Vgl. Anhang 1)

60 Baier, Helmut: ... wo ist dein Bruder Abel? 50 Jahre Novemberpogrom. Christen und Juden in Bayern in unserem Jahrhundert (Begleitband zur Wanderausstellung), Nürnberg 1988, S. 19.

61 Höchstädter, Walter: Durch den Strudel der Zeiten geführt. Ein Bericht über meinen Weg von der Monarchie und der Weimarer Republik durch das Dritte Reich und den Zweiten Weltkrieg , Bubenreuth 1993; Röhm, Eberhard; Thierfelder, Jörg: Juden, Christen, Deutsche. 1941–1945 (Band 4,2), Stuttgart 2007, S. 652–655. (Vgl. Anhang 2)

62 Diem, Hermann: Wie wenig haben wir geholfen!, in: Leuner, Heinz David; Fink, Heinrich (Hg.): Stärker als die Angst. Den sechs Millionen, die keinen Retter fanden, Berlin 1968, S. 136.

63 Baier, Helmut: Kirche in Not, Neustadt a.d. Aisch 1979, S. 232f. Zu »unbekannte jüdische Mitbürger« siehe auch Kitzmann, Armin Rudi: Unbekannter Landesbischof D. Hans Meiser, in: Zeitschrift für Bayerische Kirchengeschichte 78 (2009), S. 222.

64 Röhm; Thierfelder, Juden, Christen, Deutsche 4,2, S. 612, Anm. 512.

65 Ebd., S. 269ff.; Wurm, Theophil: Erinnerungen aus meinem Leben, Stuttgart 1953, S. 168.

66 Höchstädter, Durch den Strudel der Zeiten geführt, S. 262f.

67 Meiser, Kirche, Kampf und Christusglaube. S. 138

68 Höchstädter, Durch den Strudel der Zeiten geführt, S. 229–230.

69 Thierfelder, Eberhard: Juden – Christen – Deutsche, S. 310–329

70 Ebd., S. 375.

71 Bühler, Der Kirchenkampf im evangelischen München, S. 259.

72 Ebd., S. 260.

73 Steckhan, Beate: Was ihr getan habt einem unter diesen meinen geringsten Brüder, das habt ihr mir getan, in: Leuner, Heinz David; Fink, Heinrich (Hg.): Stärker als die Angst. Den sechs Millionen, die keinen Retter fanden, Berlin 1968, S. 180ff.

74 Schuster, Das Land hat keine Kinder. Brief Caroline Borchardt-Ehrmann an Irmgard Grimm vom 6. November 1941, in: Nachlass Irmgard Grimm, Deutsches Literaturarchiv Marbach Zug.-Nr.88/70.

75 Zwanzger, Jahre der Unmenschlichkeit, S. 7.

76 Ebd., S. 6–7.

77 Bühler, Der Kirchenkampf im evangelischen München, S. 59 und S. 184; Spruchkammerakte im Staatsarchiv München.

78 Ebd., S. 265; Baier, Helmut: Liebestätigkeit unter dem Hakenkreuz. Die Innere Mission in der Zeit des Nationalsozialismus, Nürnberg/München 2008, S. 97f.

79 Bühler, Der Kirchenkampf im evangelischen München, S. 265.

80 Verschiedene Berichte aus den Familien Meyenberg und Lempp sind im Besitz des Autors.

81 Ausführlicher Bericht in Lamm, Hans (Hg.): Vergangene Tage. Jüdische Kultur in München, München u.a. 1982; vgl. Anm. 82.

82 Baier, Liebestätigkeit unter dem Hakenkreuz, S. 97; Brief der Mutter von Toni/Denny, Else Fleischmann, an ihren Bruder Heini Guter, Faksimile des gesamten Briefes in Friedländer, Ruth; Guter, Werner:

Out of Berlin. The Friedländer and Guter families 1933-1945, Luzern 2010, S. 437; als Auszug veröffentlicht unter www.berlin.de/aktuell/ausgaben/2006/dezember/beitraege/artikel.223553.php [zuletzt geöffnet am 02.05.2016]; Taube, Otto Freiherr von: Errettung eines jüdischen Kindes in München 1943, in: Lamm, Hans (Hg.): Vergangene Tage. Jüdische Kultur in München, München u.a. 1982, S. 437; Korrespondenz des Autors mit Denny Fleischmann in Montevideo/Uruguay.

83 Schönlebe, Dirk; Bäumler, Klaus: Von ihren Kirchen verlassen und vergessen? Zum Schicksal Christen jüdischer Herkunft im München der NS-Zeit, München 2006, S. 72–73; Zwanzger, Jahre der Unmenschlichkeit, S. 8; Diem, Wie wenig haben wir geholfen!, S. 139.

84 Mit »Verzeichnis« ist eine umfangreiche Namensliste gemeint mit »Stand vom 21.7.1942, 8 Uhr vormittags«. 93 Namen sind hier aufgeführt. Bei den meisten steht das Kürzel »k.K.« (keine Karte). Bei 20 Namen fehlt diese Abkürzung.

85 Schreiben Zwanzgers an Classen vom 25. Juli 1942, LAELKB, KH 2.

86 Diem, Wie wenig haben wir geholfen!, S. 139–140.

87 Bühler, Der Kirchenkampf im evangelischen München, S. 259–262; Zwanzger, Jahre der Unmenschlichkeit, S. 8; Bericht Zwanzgers an den Landeskirchenrat vom 25. August 1945, S. 2; mehrfache Gespräche des Autors mit Frau Gretel Classen, der Tochter von Walter Classen (München, Ortweinstraße1).

88 Erinnerungen von Frau Lore von Holst, geb. Classen, an den Besuch bei Frau Zaller-Früchtl, München, am 10. März 1970. Text im Besitz des Autors.

89 Kitzmann, Unbekannter Landesbischof D. Hans Meiser, in: Zeitschrift für Bayerische Kirchengeschichte, Jg. 78, Nürnberg 2009, S. 222–223.

90 Bühler, Der Kirchenkampf im evangelischen München, S. 360ff.

91 LAELKB, NL Henninger, Schreiben des Bayerischen Staatsministeriums für Unterricht und Kultus an Henninger vom 12. Februar 1938.

92 Bericht von Pfr. Walter Joelsen in Kitzmann, Mit Kreuz und Hakenkreuz, S. 387–388.
Zeitzeugenbericht von Walter Joelsen: »Von ihren Kirchen verlassen und vergessen?« im Bayerischen Hauptstaatsarchiv München am 27. Januar 2006.
Schönlebe, Bäumler, Von ihren Kirchen verlassen und vergessen?, S. 85–86.

93 Daumiller, Oscar: Geführt im Schatten zweier Kriege. Bayerische Kirchengeschichte selbst erlebt, München 1961, S. 80–81. (LAELKB, PA Theol., Daumiller, 1327.)

94 Text im Besitz der Familie Daumiller-Zeil.

95 Daumiller, Geführt im Schatten zweier Kriege, S. 80–81. (LAELKB, PA Theol., Daumiller, 1327.)

96 Schönlebe, Bäumler, Von ihren Kirchen verlassen und vergessen?, S. 88.

97 Vgl. dazu Kitzmann, Mit Kreuz und Hakenkreuz, S. 377–378; Röhm, Thierfelder, Juden, Christen, Deutsche 1, S. 283ff.; Merz, Georg; Merz, Johannes: Wege und Wandlungen. Erinnerungen aus der Zeit von 1892–1922, München 1961, S. 227–231.

98 Zu diesem Kreis gehörten ständig oder vorübergehend: Superintendent Carl Gunther Schweitzer, Pfarrer Hermann Diem (Tübingen), Verleger Albert Lempp mit Frau Maria, Verleger Walter Classen mit Frau Emilie,

Luise Östreicher (Assistentin von Pater Delp), Ehepaar Rudolf und Annemarie Cohen, Frau M. Lessing, Prof. Dr. Wilhelm Hengstenberg, Prof. Dr. Kurt Wilhelm Lendtrot mit Schwester Emmy, Landgerichtsrat Emil Höchstädter mit Frau, Vikar Karl Nold, Pfarrer Kurt Frör, Pfarrer Kurt Müller (Reformierte Gemeinde Stuttgart), Pfarrer Hellmut Traub, Pfarrer Alfred de Quervain (Basel).

99 Höchstädter, Durch den Strudel der Zeiten geführt, S. 112.

100 Gisevius, Hans Bernd: Wo ist Nebe? Erinnerungen an Hitlers Reichskriminaldirektor, Zürich 1966.

101 Steinbach, Peter; Tuchel, Johannes: Georg Elser. Der Hitler-Attentäter, Berlin 2010, S. 15ff.

102 Ebd., S. 208–237.

103 Ebd., S. 258.

104 Ebd., S. 256.

105 Ebd., S. 257/258/261.

106 Ebd., S. 48.

107 Ebd., S. 44–47 und S. 265.

108 Ebd., S. 257.

109 Ebd., S. 261.

110 Ebd., S. 257.

111 Ebd.

112 Ebd., S. 337.

113 Ebd., S. 149.

114 Evangelisches Gemeindeblatt für München 1939, Nr. 47, S. 1; Abdruck in Kitzmann, Mit Kreuz und Hakenkreuz, S. 354.

115 Belegt ist die Anweisung des Reichspropagandaamtes Franken vom 9. November 1939 an die Kirchliche Presse: »Die kirchliche Presse wird angewiesen, sich ebenfalls mit dem Attentat im Bürgerbräukeller zu München zu beschäftigen. Dabei ist besonders einmal das Walten der Vorsehung zu betonen. Die Kirchenpresse soll sich dabei der Argumente der Tagespresse bedienen.« LAELKB, KKE 103/3–9.

116 Scholl, Inge: Die weiße Rose, Frankfurt am Main 1952.

117 Ebd., S. 60–61.

118 Ebd., S. 66.

119 Brief Hans Scholls an Rose Nägele, 20. Dezember 1941, in: Archiv des Instituts für Zeitgeschichte, München, ED 474: Nachlass Inge Aicher-Scholl.

120 Scholl, Die weiße Rose, S. 81.

121 Alt, Karl: Todeskandidaten. Erlebnisse eines Seelsorgers im Gefängnis München-Stadelheim mit zahlreichen im Hitlerreich zum Tode verurteilten Männern und Frauen, München 1946, S. 85–89; Abdruck in Kitzmann, Mit Kreuz und Hakenkreuz, S. 382.

122 Ebd.; Kitzmann, Mit Kreuz und Hakenkreuz, S. 382.

123 Ebd.; Kitzmann, Mit Kreuz und Hakenkreuz, S. 383.

124 Diem, Wie wenig haben wir geholfen!, S.136.

ANHANG

Anhang 1

Briefe aus dem 20. Jahrhundert (2)

R. A. Schröder an F. Langenfass (1941)

Lieber, verehrter Herr Dekan,
Von Frau Borchardt kam gestern die tel. Nachricht – abends spät –, dass der Termin ihrer Aussiedlung auf den 15. d. Mts. festgesetzt sei. Die Hoffnungen, die man ihr gemacht, haben sich also als sanguine Täuschung erwiesen. Ich habe nun gleich versucht, indirekt Fühlhörner auszustrecken, ob und wie man auf irgend eine Weise ihr Los unter den Verbannten etwas erleichtern könne. (...)

Kleine 14 Tage sind noch – wären noch – auszunutzen. Eine Freundin von mir sagte dieser Tage: „Ich würde sie in den Kirchen und Sakristeien schlafen lassen." Das geht nun wohl nicht ohne weiteres. Aber das Wort zeugt doch von gesundem Empfinden und würde, einmal ausgesprochen, überall Widerhall finden.

Im Gespräch mit Pfarrer Hofmann in der Mathildenstr. fand ich nun von einer „grundsätzlichen" Einstellung solcher Art nicht eigentlich viel. Er brachte mir die Schwierigkeiten zur Sprache, die die etwaige sofortige Unterbringung in einem Altersheim oder dergleichen nach sich ziehen würde, und die sie s. E. – und auch wohl de facto – unmöglich machen würden. Als Beamter hat er da freilich Recht. Es fragt sich, ob für uns Christen in so vitaler Entscheidungsstunde der Begriff des Unmöglichen nicht doch einer Revision unterzogen werden sollte. Ich frage mich sehr ernst – mit dem Ernst dessen, der sich selber der Gedankenlosigkeit und Herzensträgheit auf diesem, seit vorigen Winter doch urgent gewordenen Punkte bitter anklagt, ob nicht der Schade, den unsre Kirchen leiden, wenn sie der Vergewaltigung ihrer Glieder ohne den Versuch der Hilfe oder wenigstens des deutlichen Protestes zusehen, grösser sein wird als Alles, was ihrer an Repressalien warten könnte. Es handelt sich doch hier um eine in den administrativen Formen sich vollziehende stufenweise Entfernung auch der nicht-„arischen" Christen aus den Reihen nicht nur der ehemaligen deutschen bürgerlichen Gemeinschaft, sondern auch aus denen der „Mit-Esser"; die letzte Stufe wird dann wohl auch hier in München mit nicht ferner Voraussicht die in Berlin, Wien und anderwärts schon in die Wege geleitete Abschiebung in die Hunger- und Frosthöllen des Ostens sein.

Welche Kirche kann von ihren Mitgliedern verlangen, dass sie ihr in einer solchen Lage treu verbleiben, wenn sie keinen Finger zur Hilfeleistung gerührt und nicht einmal öffentlich Einspruch erhoben hat (. . .)

Es müsste doch möglich sein hier in rascher Frist Beschlüsse herbeizuführen, die der Kirche Luthers die Schmach vor allen Menschen und – weit ernster – die schreckliche Verantwortung vor dem lebendigen Gott des Hebräerbriefs ersparen würden, dass sie für die Ärmsten und Elendesten ihrer ihr von Gott dem Herrn anvertrauten Glieder nicht einmal das Wort des Schutzes und der Verteidigung gefunden habe. (...)

Auch wenn Raummangel zwänge, die armen Mitbrüder und Mitschwestern in noch so drangvolle Enge zu pferchen, sie wären da doch wenigstens in geistlicher Geborgenheit und Obhut. – Geschieht nichts, geschieht nicht alsbald wenigstens irgend Etwas, so lädt m. E. unsre Kirche eine Schuld auf sich, die sie bei Christen und Nichtchristen um alle Ansprüche und Rechte ihres Hirtenamtes bringen muss mit Folgen, die auch hier wieder einmal den „Tod" als der „Sünde Sold" nach sich ziehen werden.

Ich sollte auch meinen, es müsste angesichts einer solchen gesamtchristlichen Angelegenheit in diesen furchtbar ernsten Tagen des Gerichts ein Leichtes sein, sich mit den katholischen Zentralbehörden über einen gemeinsamen Schritt und seine Formen zu verständigen, muss mich da natürlich als nicht zuständig bekennen. Die Gemeinsamkeit des Credo und der Ur-Sakramente ist – man mag urteilen wie man will – doch auf alle Fälle zugleich eine Bindung gemeinsamer Verantwortung vor dem gekreuzigten und auferstandenen Gott, zu dem beide Kirchen sich bekennen.

Könnte doch dem Volk, dem wir angehören die Schmach erspart bleiben, dass in dieser Angelegenheit auf Tod und Leben kein Versuch seitens seiner Kirchen gemacht wäre, ein Alleräusserstes abzuwehren, ein Minimum von Verantwortung vor Gott und seiner Christenheit auf sich zu nehmen. – (...) Lieber, verehrter Herr und Freund, ich selbst bin ein alter und ruhiger Mann und stehe allen Übertreibungen kirchlicher Rechtsansprüche auch meiner christlichen Überzeugung nach fern, die allen modischen Interpretationen zu trotz Luthers Deutung von Luk. 17, 21 festhält. Aber wenn Christus und nicht die tausendfältige Larve des Säkulum ihr wahres Haupt ist, so hat sie von ihm ohne Frage den Auftrag, hier nach seinem Beispiel das Wort der Mahnung – in Form der Bitte – und der Verwerfung – in Form des, wenn auch noch so bescheidenen Protestes auszusprechen.

Ich denke, Frau Borchardt würde gern noch ein Wort geistlichen Trostes hören. Würden Sie sie anrufen? Die Nummer steht unter Frau Suse Neuroth, Seestrasse. Verzeihen Sie den langen Schrieb. Aber es ist ja nur ein Weniges von dem, was uns Beide – und wieviele Millionen tiefbetrübter Mitmenschen angesichts der neuen Schrecknis erfüllt und nicht zur Ruhe kommen lässt. Gott der Herr stärke uns alle und zeige uns den richtigen Weg in Christo Jesu. – Im Lauf der Woche denke ich nach München zu kommen, um zu sehen, was sich tun lässt. Ich rufe vorher bei Ihnen an, in der Hoffnung auf Ihr Gespräch und Ihren Zuspruch.

Herzlich grüssend auch von meiner Schwester Ihr Schröder
Bergen/Obb. Sonnleithen 2.Nov.1941

Rudolf Alexander Schröder (1878-1962) gilt mit seinem lyrischen und übersetzerischen Werk fast unübersehbaren Ausmaßes als großbürgerlicher Humanist, der allen Extremen ausgewichen ist. Aber seit Mitte der dreißiger Jahre vertauscht er diese Geste des Geltenlassens mit der Bekenntnispoesie eines evangelischen Christen, die man nach 1945 gern als frömmelnde Schnörkel abgetan hat. Tatsächlich ist Schröder kein Widerständler von Natur aus; immerhin aber lässt er – ein Erzkonservativer , der die Niederlage von 1918 nicht zu ertragen glaubt – den Nationalsozialismus niemals auch nur einen Moment lang als Möglichkeit für die „Erneuerung" Deutschlands gelten. Nie äußert sich sein Protest als Fanal. Luthers Übersetzung von Lukas 17, 21 gilt ihm als Devise gegen jede Barbarei: „Sehet, das Reich Gottes ist inwendig in Euch!"

Schröders Brief an Friedrich Langenfass (1880-1965), den Dekan der evangelischen Kirche in München von 1930 bis 1950, zeigt diese Haltung beispielhaft. Caroline Borchardt geb. Ehrmann (1873-1944) kann auch nach ihrer Scheidung von Rudolf Borchardt (1877-1945) im Oktober 1919 auf ihren alten Freund zählen. Als Malerin und Graphikerin an der Karlsruher Akademie ausgebildet und mit Gabriele Münter und Wassily Kandinsky verbunden, entstammt sie einer alt eingesessenen Heidelberger Kaufmannsfamilie; nach dem Tod ihrer Eltern konvertieren die Geschwister Ehrmann zum Protestantismus – und praktizieren ihn glaubig. In München, wo Caroline Borchardt seit den zwanziger Jahren allein lebt und als Korrektorin der „Bremer Presse" ein bescheidenes Dasein fristet, gerät sie seit 1933 in das Räderwerk der Judenverfolgung – ihre Briefe protokollieren einen Alltag, der sich im Zeichen der Diskriminierung und Enteignung unaufhaltsam zuspitzt: zuletzt im Juli 1939 die Wegnahme der winzigen Wohnung, von da an eine Weiterexistenz als Zwangsgast in der „Pension Neuroth" am Englischen Garten, schließlich die Einweisung in das seit Oktober 1941 fertig gestellte „Judenlager Milbertshofen". Nur für Tage, für Stunden gewinnt ihre couragierte Freundin Susanne Neuroth (1877-1960) diesen Wettlauf mit der Zeit, als Caroline Borchardt durch ihren Einspruch der ersten Deportation aus München am 20. November 1941 nach dem litauischen Kaunas knapp entgeht.

Auch Rudolf Alexander Schröder interveniert. Aus seinen Refugium in Bergen bei Traunstein, wo er mit seiner Schwester Dora seit 1935 wohnt, reist der damals Dreiundsechzigjährige in die Stadt, um als Mensch zu retten, was die Theologen und „Beamten" (wie der für „Nichtarier-Betreuung" zuständige Pfarrer Friedrich Hofmann (1904-1965) in der „Inneren Mission", Mathildenstrasse 6) inzwischen aufgegeben haben. Schröders Brief an Friedrich Langenfass, den wir aus dessen Nachlass im „Landeskirchlichen Archiv der evangelisch-lutherischen Kirche in Bayern" mitteilen, auch nur zu empfangen, ist so gefährlich, dass er vorsichtshalber auch ohne Antwort bleibt. Bis in die atemlos gepresste Satzführung hinein, seinen halb drohenden und halb auch wieder um Zustimmung werbenden Ton, ist er das Dokument ohnmächtiger Verzweiflung eines Menschen, der angesichts der „Hunger- und Frosthöllen des Ostens" die Nutzlosigkeit seiner Lebensprinzipien bitter eingestehen muss.

Am Morgen des 8. Dezember 1941 begleitet Schröder die Freundin vom Haus Seestrasse 3e bis zum Tor des Barackenlagers in der Knorrstrasse 148. Dass die dort erlaubte Lektüre nur noch in einer kleinen, beim Abschied ihr zugesteckten Bibel bestehen darf, mag er als letzte Verhöhnung seiner gescheiterten Kirche empfinden. Hier tröstet Caroline Borchardt durch ihre Haltung viele der über tausend Insassen, die sich wochenlang von Angst und Gerüchten nähren – bis man im Frühjahr 1942 beginnt, auf dem Hauptbahnhof täglich einen Personenwaggon mit fünfzig Häftlingen an den regulären Nachtzug nach Prag anzukoppeln. Für den 15. Juli 1942 vermerkt die von der Polizei penibel geführte Meldekarte: „abger. n. Theresienstadt". Ihr Tod im Alter von 71 Jahren, unter noch ungeklärten Umständen, wird dort für den 4. Januar 1944 vermerkt.

GERHARD SCHUSTER

Anhang 2

4. Der Münchner Laienbrief (Ostern 1943)

Offener Brief an Landesbischof Hans Meiser

Hochwürdiger Herr Landesbischof!

Als Christen können wir es nicht mehr länger ertragen, dass die Kirche in Deutschland zu den Judenverfolgungen schweigt. In der Kirche des Evangeliums sind alle Gemeindeglieder mitverantwortlich für die rechte Ausübung des Predigtamtes. Wir wissen uns deshalb auch für sein Versagen in dieser Sache mitschuldig. Der zur Zeit drohende nächste Schritt: die Einbeziehung der sog. »privilegierten« Juden in diese Verfolgung unter Aufhebung der nach Gottes Gebot gültigen Ehen mag der Kirche die Veranlassung geben, das durch Gottes Wort von ihr geforderte Zeugnis abzulegen gegen diese Verletzung des 5., 6., 7., 8., 9. und 10. Gebotes und damit endlich das zu tun, was sie längst hätte tun müssen.

Was uns treibt, ist zunächst das einfache Gebot der *Nächstenliebe*, wie es Jesus im Gleichnis vom barmherzigen Samariter ausgelegt und dabei ausdrücklich jede Einschränkung auf den Glaubens-, Rassen- oder Volksgenossen abgewehrt hat. Jeder »Nichtarier«, ob Jude oder Christ, ist heute in Deutschland der »unter die Mörder Gefallene«, und wir sind gefragt, ob wir ihm wie der Priester und Levit, oder wie der Samariter begegnen.

Von dieser Entscheidung kann uns keine »*Judenfrage*« entbinden. Vielmehr hat die Kirche bei diesem Anlass zugleich zu bezeugen, dass die Judenfrage primär eine evangelische und keine politische Frage ist. Das politisch irreguläre und singuläre Dasein und Sosein der Juden hat nach der Heiligen Schrift seinen alleinigen Grund darin, dass dieses Volk von Gott als Werkzeug seiner Offenbarung in Beschlag genommen ist.

Die Kirche hat daher allen *Juden* unermüdlich zu bezeugen, so wie es die ersten Apostel – *nach* Golgatha! – getan haben: »Euch *zuvörderst* hat Gott auferweckt seinen Knecht Jesus und hat ihn zu euch gesandt, euch zu segnen, dass ein jeglicher sich bekehre von seiner Bosheit« (Acta 3, 26). Dieses Zeugnis kann die Kirche nur dann für Israel

652

Quelle Anhang 2: Theologische Bücherei. Neudrucke und Berichte aus dem 20. Jahrhundert, Band 25, München 1965.

glaubwürdig ausrichten, wenn sie sich zugleich um den »unter die Mörder gefallenen« Juden annimmt.
Sie hat dabei insbesondere jenem »christlichen« Antisemitismus in der Gemeinde selbst zu widerstehen, der das Vorgehen der nichtchristlichen Welt gegen die Juden, bzw. die Passivität der Kirche in dieser Sache mit dem »verdienten« Fluch über Israel entschuldigt und die Mahnung des Apostels an uns Heidenchristen vergisst: »Sei nicht stolz, sondern fürchte dich. Hat Gott die natürlichen Zweige nicht verschont, dass er vielleicht dich auch nicht verschone« (Röm 11, 20f.).
Dem *Staat* gegenüber hat die Kirche diese heilsgeschichtliche Bedeutung Israels zu bezeugen und jedem Versuch, die Judenfrage nach einem selbstgemachten politischen Evangelium zu »lösen«, d.h. das Judentum zu vernichten, aufs äußerste zu widerstehen als einem Versuch, den Gott des 1. Gebotes zu bekämpfen. Die Kirche muss bekennen, dass sie als das wahre Israel in Schuld und Verheißung unlösbar mit dem Judentum verknüpft ist. Sie darf nicht länger versuchen, vor dem gegen Israel gerichteten Angriff sich selbst in Sicherheit zu bringen. Sie muss vielmehr bezeugen, dass mit Israel sie und ihr Herr Jesus Christus selbst bekämpft werden.
Das Zeugnis, das der Kirche durch das Gleichnis vom barmherzigen Samariter geboten ist, wird also durch die »Judenfrage« nicht etwa suspendiert. Das Phänomen der Juden, an denen sich die prophetische Weissagung erfüllt, »dass sie sollen zum Fluch, zum Wunder, zum Hohn und zum Spott unter allen Völkern werden« (Jer 29, 18), bezeugt aller Welt den Gott des 1. Gebotes, der durch sein Handeln an Israel seinen Herrschaftsanspruch an die Völker kundtut. Dieses Phänomen hat die Kirche zu interpretieren. Sie hat also durch ihre Verkündigung dafür zu sorgen, dass die Regierenden diesem Zeugnis nicht auszuweichen versuchen durch Beseitigung dieses Phänomens. Das tut sie durch die Verkündigung des Evangeliums von dem Gott, der Israel und uns »aus Ägyptenland, aus dem Diensthause geführt hat« (2. Mose 20, 2) und trotz aller Untreue der von ihm aus Juden und Heiden Erwählten seinem Bund treu bleibt. Sie bezeugt damit den Regierenden, dass diese allein durch den Glauben an Jesus Christus frei werden können von der Dämonie ihres politischen »Evangeliums«, das sie in ihrer durch kein Gesetz Gottes begrenzten Besessenheit verwirklichen wollen.
Die Kirche hat also den Regierenden für ihr Verhalten gegen Israel

653

nicht nur die Gebote der 2. Tafel zu predigen, sondern zugleich zu bezeugen, dass diese Predigt durch das 1. Gebot gefordert ist und dass die Regierenden nur im Gehorsam gegen den Gott des 1. Gebotes ihr Amt recht ausrichten, d. h. das Gesetz recht handhaben können.

Das Zeugnis der Kirche gegen die Judenverfolgung in Deutschland wird so zu einem mit besonderem Gewicht ausgestatteten Sonderfall des der Kirche gebotenen Zeugnisses gegen jede Verletzung der 10 Gebote durch die staatliche Obrigkeit. Sie hat *im Namen Gottes* – also *nicht* mit politischen Argumenten, wie das ab und zu schon geschehen ist – den Staat davor zu warnen, dass er »den Fremdlingen, Witwen und Waisen keine Gewalt tut« (Jer 7, 6), und ihn zu erinnern an seine Aufgabe einer gerechten Rechtsprechung in einem ordentlichen und öffentlichen Rechtsverfahren aufgrund humaner Gesetze, an das Gebot der Billigkeit im Strafmaß und im Strafvollzug, an seinen Rechtsschutz für die Unterdrückten, an die Respektierung gewisser »Grundrechte« seiner Untertanen usw.

Dieses Zeugnis der Kirche muss öffentlich geschehen, sei es in der Predigt, sei es in einem besonderen Wort des bischöflichen Hirten- und Wächteramtes. Nur so kann es seine Aufgabe erfüllen, allen denen, die legislativ oder exekutiv an dieser Verfolgung mitwirken, und zugleich den betroffenen Juden und der in ihrem Glauben angefochtenen christlichen Gemeinde die schuldige Unterweisung der Gewissen zu geben. Alles, was bisher von der Kirche in Deutschland in dieser Sache getan wurde, kann nicht als ein solches Zeugnis gelten, da es weder öffentlich geschah noch inhaltlich der Aufgabe des Predigtamtes in dieser Sache gerecht wurde.

Wenn wir uns an Sie wenden, hochwürdiger Herr Landesbischof, damit Sie das der Kirche gebotene Zeugnis veranlassen, so bitten wir Sie dringend: Sehen Sie in unserem Schritt nicht nur eine jener Mahnungen zu kräftigerem Reden, denen Sie aufgrund der größeren Übersicht, die Sie durch Ihr hohes Amt haben, allerlei Erwägungen der Zweckmäßigkeit eines solchen Schrittes im Blick auf die möglichen Folgen nicht nur für die Kirche, sondern auch für die betroffenen Juden selbst entgegenstellen könnten. Es geht uns nicht um Komparative. Wir meinen auch, jene Folgen schon selbst soweit bedacht zu haben, als dies erlaubt und geboten ist. Aber es geht uns um etwas anderes:

Als lutherische Christen wissen wir mit Artikel V des Augsburgischen Glaubensbekenntnisses, dass wir ohne das Predigtamt der Kirche

654

nicht zum Glauben kommen können. Darum treibt uns neben dem Mitleid für die Verfolgten die Angst, das Predigtamt unserer Kirche könne durch sein Schweigen sein Dasein sichern wollen um den Preis, dass es dafür seine Vollmacht und Glaubwürdigkeit zu binden und zu lösen verliert. Und damit wäre alles verloren – mit der Kirche wäre auch unser Volk verloren.

München, an Ostern 1943

Anhang 3

»Ein vierjähriges Kind ist entführt worden«
Die Rettung des jüdischen Buben Denny/Toni Fleischmann

Unter der Schlagzeile in der Presse »ein vierjähriges Kind wurde entführt« fahndete die Gestapo 1943 nach einem jüdischen Jungen. Dieser Bub war aber nicht entführt, sondern im Evangelischen Waisenhaus in München vor dem Zugriff der Gestapo versteckt und gerettet worden. Damit ist die Lebensgeschichte von Denny/Toni Fleischmann angesprochen, der heute in Montevideo/Uruguay lebt.

Denny/Toni ist in Berlin am 11. Januar 1939 als Kind der jüdischen Eltern Ludwig und Else Fleischmann geboren worden. Als die Bedrohnung für die Juden immer mehr Realität wurde, floh Dennys Vater nach Uruguay, um auch für seine Frau und den noch ungeborenen Sohn die Ausreise vorzubereiten. Doch das war dann nicht mehr möglich. Er musste seine schwangere Frau und den am 11. Januar 1939 geborenen Sohn zurücklassen.

Else Fleischmann wohnte in Berlin bei der jüdischen Familie Interstein. Als diese im Oktober 1942 zur Verschleppung nach Polen abgeholt worden war, blieb sie mit ihrem Kind allein in der Wohnung zurück. »Die Abholung der Juden ging nun immer schneller vor sich. Es gab vorher keine Ankündigung mehr, es klopfte an der Tür und man hatte mitzugehen«. (**Else Fleischmann**) Nahezu die gesamte Familie von Else Fleischmann wurde auf diese Weise 1943 deportiert und in den verschiedenen KZ ermordet.

Else Fleischmann selbst wurde zur Arbeit in einer Fabrik gezwungen. Zunächst konnte sie ihren Buben ganztägig in einem Kindergarten unterbringen. Als auch hier die Gestapo zugriff, waren mehrere Familien (auch arische) bereit, Denny/Toni abwechselnd den Tag über zu betreuen, bis seine Mutter ihn am Abend abholte. Inzwischen bemühte sie sich zusammen mit Dennys Patentanten, ein Versteck für ihren Buben zu finden.

Tante Edith konnte schließlich durch die Vermittlung ihres Pfarrers eine Familie in Thüringen finden, die bereit war, Denny/Toni aufzunehmen. Sich von ihrem Buben zu trennen, war ein schwerer Entschluss für die Mutter, doch es war der einzig mögliche Weg zu seiner Rettung. Am 21. Januar 1943 sah sie ihn zum letzten Mal. Danach war er für sie verschwunden.

Else Fleischmann lebte nun in ständiger Angst, die Gestapo könnte entdecken, dass ihr Bub fort ist. Das hätte auch sie in Lebensgefahr gebracht. So beschloss sie, am 27. Januar 1943 in die Illegalität abzutauchen. Nach ihr und dem Buben soll noch lange gesucht worden sein. In den nun folgenden 2 Jahren musste sie allerdings zehnmal ihr Versteck wechseln. »Sobald es in der Nachbarschaft auffiel, dass ich einige Zeit unangemeldet irgendwo wohnte, musste ich wieder fort. Ich habe viele prächtige Menschen getroffen, viel Hilfsbereitschaft kennen gelernt und viele aufrechte Deutsche, die keine Nazis waren. Viele Menschen haben mir, auch wenn sie mich nicht bei sich aufnehmen konnten, mit Lebensmitteln oder deren Beschaffung geholfen oder auch durch die Herausgabe von Kleidung. Ich machte mich überall durch Hausarbeit nützlich und versuchte so, meine Dankbarkeit zu bezeigen. Hoffentlich habe ich aber auch noch eine andere Gelegenheit, meinen Dank für meine Lebensrettung abzustatten. Ich hatte keinerlei Ausweispapiere, konnte deshalb auch keine Reise wagen und war die ganze Zeit über in Berlin. ... Die Angst auf der Straße oder in der Bahn einem Bekannten zu begegnen, grenzte oft an Verfolgungswahn. Oft redete ich mir ein, beobachtet zu werden und in jedem Herrn, der mich anschaute, witterte ich einen Gestapobeamten«. (**Else Fleischmann**)

Als der Krieg immer näher an Berlin heranrückte, als sich keine Unterkunftsmöglichkeit mehr anbot und es kaum noch möglich war, Lebenmittelmarken aufzutreiben, wagte Else Fleischmann Ende 1944 einen »kühnen Streich«. Im Aufnahmelager für Ostpreussen- und Schlesienflüchtlinge gab sie sich als Flüchtling aus Sagan aus, das bereits in russischer Hand war. Und es gelang ihr, Papiere auf den Namen Else Richter sowie Lebensmittelkarten und eine Kennkarte zu erhalten. Nun konnte sich die Jüdin Else Fleischmann endlich frei bewegen. Aber wohin? Den Aufenthaltsort ihres Sohnes, der von einer Hand in die andere weitergereicht worden war, hatte man ihr aus Sicherheitsgründen nie mitgeteilt. Nur dass er in Bayern, in der Nähe Münchens, sei, brachte sie schließlich heraus. Schließlich erhielt sie von Dennys/Tonis Patentante zwei Adressen in der Nähe Münchens und machte sich auf die Reise. Am 12. März 1945 kam sie bei den ausgebombten Schwiegereltern in München an. Doch noch war es zu gefährlich, nach ihrem Sohn zu suchen, Aber am 30. März rückten die Amerikaner in das befreite München ein. Nun würde sie auch ihren Sohn wieder finden.

Sie erhielt die Adresse eines Kinderheimes außerhalb Münchens (Schlegldorf, die Dependanze des Münchner Waisenhauses), doch da war Denny/Toni nicht mehr. Man konnte ihr aber den Namen des Münchner Pfarrers nennen (Leonhard Henninger von der Inneren Mission), der Denny/Toni einst (von Otto Freiherr von Taube/Gauting) übernommen hatte. Den fand sie auch und der freute sich, dass sie die schreckliche Nazizeit überlebt hatte. Er schickte sie weiter zur Leiterin des Evangelischen Waisenhauses in der Kaulbachstraße (Magdalena Lindt), in deren Obhut er Denny übergeben hatte. »Die Hausmutter im Waisenhaus umarmte mich und weinte vor Freude, dass die Mutter ihres kleinen Toni lebte, aber das Kind hatte sie nicht mehr im Heim«. (**Else Fleischmann**) Wo war ihr Sohn?

Die Odyssee des Buben Denny/Toni Fleischmann hatte sich nach dem Abschied von Berlin so abgespielt:

Als Else Fleischmann ihren Sohn in Berlin nicht mehr sicher wusste, brachte ihn seine Patentante Edith, durch Vermittlung ihres Pfarrers, zur Familie von Trott zu Solz in Bebra/Thüringen. Auf ihrem Gut in Imshausen hat dann Eleonore von Trott Denny/Toni längere Zeit verborgen gehalten. Als das in dem sehr antisemitischen Dorf bemerkt worden war, gab sie das Kind in ein evangelisches Kinderheim im Schwarzwald weiter. Doch auch dort wurde der Aufenthalt eines jüdischen Kindes bekannt, und Denny/Toni konnte hier nicht länger bleiben.

Nun wandte sich Eleonore von Trott im Sommer 1943 an den Gautinger Schriftsteller Otto Freiherr von Taube und seine Frau und bat sie um Hilfe. Die von Taubes sahen es als ihre christliche Pflicht an, den Buben aufzunehmen. Von einer Schwester wurde er zu ihnen gebracht.

Otto Freiherr von Taube berichtete über Dennys/Tonis Aufenthalt bei ihnen:

»Von Vorteil war es, daß der Knabe seinen Familiennamen nicht kannte, sondern die Frage, wie er heiße, nur mit »Toni« beantwortete. Toni war ein sehr liebes, zärtliches, gutwilliges, gut begabtes Kind, ein anmutiger Hausgenosse. Wir gewannen ihn sehr liebe. Mein Sohn, evangelischer Theologe, damals Leutnant, war auf Urlaub zu Hause, er und der Kleine spielten gern miteinander. Wir hatten im Hause nur ein Mieterehepaar, vor dem wir uns nicht zu hüten brauchten. Doch sahen wir darauf, dass der Kleine nicht aus dem Grundstück kam. Denn dass es ein Judenkind war, sah man ihm sofort an. Besonders schwierig wurde die Lage für uns dadurch, dass meine fanatisch nationalsozialistische Schwester ... mit ihrem Mann zu uns kam und bei uns wohnte; das Kind wurde für die Dauer eines Tages der Frau Daubert, einer gut evangelischen Christin anvertraut, ohne dass wir ihr seine jüdische Herkunft verrieten.

Trotz aller Vorsicht aber mussten wir einsehen, dass auch hier, wo es in unserer Nachbarschaft bei den sogenannten »Gebildeten« (und nicht im Dorfe) von Nazis wimmelte, das Kind nicht länger in Sicherheit bleiben konnte. Pastor Henninger, an den wir uns wandten, fand Mittel und Wege, Toni Fleischmann in einem Kinderheim im Gebirge unterzubringen, wo der Knabe die Verfolgung überlebte. ... Der ständigen Aufregung jener Tage, da wir das Kind verste-

cken mußten, ... schreibe ich es zu, dass sich bei meiner Frau Zustände des Verfolgungswahns einstellten, ...«
(Otto Freiherr von Taube)

Pfarrer Leonhard Henninger von der Inneren Mission in München übernahm nun Denny/Toni und brachte ihn in das Evangelische Waisenhaus. Hier war er aufgehoben, doch immer wieder musste er in das Ausweichkinderheim Schlegldorf bei Lenggries gebracht werden, damit sein Aufenthalt nicht auffiel. Ständig wurden ja Hausdurchsuchungen in den Kinderheimen und ihren Ausweichstellen durchgeführt. Eines Tages kam die leitende Schwester, Magdalena Lindt, zu Leonhard Henninger und berichtete ihm, dass die Gestapo hinter dem Kind her sei und es suche. Bald darauf stand im Völkischen Beobachter auch ein Aufruf an die Bevölkerung mitzuhelfen, das Kind, das in der Umgebung Münchens versteckt gehalten werde, aufzuspüren (»Ein vierjähriges Kind ist entführt worden«). Aber Pfarrer Leonhard Henninger und Schwester Magdalena Lindt verschworen sich miteinander, das Kind, das ihnen anvertraut worden war, unter allen Umständen zu bewahren und zu retten, auch wenn sie lügen mussten: »Möge uns selbst treffen, was uns auch treffe«. Trotz schwerer Verhöre durch die Gestapo gelang es den beiden, Denny/Toni bis zum Ende der Nazizeit vor ihrem Zugriff zu verbergen und zu bewahren. Sogar bei seinen Schwiegereltern Adolf und Katharina Kayser in der Grünspechtstraße 14 in München hatte Henninger den Buben einige Tage versteckt.

Als Else Fleischmann mit der Hausmutter Schwester Magdlena Lindt im Evangelischen Waisenhaus zusammentraf, war ihr Sohn zu ihrem Entsetzen nicht mehr da, sondern in Hamburg. Wie war das möglich?

Als Schwester Magdalena Lindt seinerzeit mit Pfarrer Leonhard Henninger den Buben übernahmen, wussten sie zwar über Denny/Tonis Herkunft Bescheid, mehr aber auch nicht. Der Bub konnte nur sagen, dass er Toni heiße – und dass er aus Hamburg komme. Auch den Namen seiner

Mutter wusste er nicht mehr. So wurde Ende 1944 das Bild des Findelkindes an das Jugendamt nach Hamburg übermittelt und Denny/Toni wurde zur Adoption ausgeschrieben. Tatsächlich meldete sich eine Frau Sennewald aus Hamburg im Münchner Waisenhaus und wollte den Buben adoptieren. Schwester Magdalena Lindt hätte Denny/Toni gern bei sich behalten, sie konnte aber nur verhindern, dass die Adoption sofort erfolgte. Vielleicht würde sich ja jetzt nach dem Krieg noch die wahre Mutter melden. Nun war Denny/Toni also in Hamburg.

Doch Else Fleischmann gelang es trotz der katastrophalen Verkehrsverhältnisse im Juni 1945 eine Reisemöglichkeit nach Hamburg zu finden. Noch vor der Adoptierung ihres Sohnes durch Frau Sennewald konnte sie ihren Buben in die Arme schließen. Gefragt, ob er diese Frau (seine Mutter) kenne, sagte er: »Sie kommt mir bekannt vor.«

Von März 1945 an wohnte Else Fleischmann mit ihrem Buben in München in der Mauerkircherstraße 7 (bei Ritter).

Nach dieser glücklichen Vereinigung von Mutter und Kind konnten beide im Juni 1949 zu Ehemann und Vater nach Südamerika ausreisen. Heute lebt Denny/Toni Fleischmann in Montevideo/Uruguay und ist von Herzen dankbar dafür, dass andere Menschen ihre Existenz aufs Spiel gesetzt haben, nur um sein Leben zu retten.

So endete die Odyssee des jüdischen Buben Denny/Toni Fleischmann, in der das Evangelische Waisenhaus in München mit Pfarrer Leonhard Henninger und Schwester Magdalena Lindt eine rühmenswerte Rolle gespielt haben.

Anmerkungen:

Unter »Else Fleischmann« ist ihr Brief an den Bruder Heini Guter vom 18. Juni 1945 zitiert.

Unter »Otto Freiherr von Taube« geht es um ein Zitat aus Lamm, Hans, (Hsg.), Vergangene Tag, Jüdische Kultur in München. Der Doppelname »Denny/Toni« ergibt sich daraus, dass die Mutter Else ihren Sohn nur »Toni« nennt, er selber sich heute aber als »Denny« bezeichnet.

Nachbemerkung

Neben den allgemein zugänglichen Quellen haben dem Autor tiefere Einsichten vermittelt:

- Familienchronik von Gertrud Langenfaß, Ehefrau des Münchner Dekans Friedrich Langenfaß sowie Gespräche mit deren Tochter Gretl Rauch. (Kopie der Chronik im Besitz des Autors)
- Bislang unveröffentlichte Erinnerungen von OKR Thomas Breit an die Besetzung des Landeskirchenrats 1934. (Im Besitz des Autors)
- Flugblatt zum Verbleib von Martin Niemöller. (Im Besitz des Autors)
- Briefwechsel Pfarrer Karl Doerfler – Heinrich Himmler. (Als Film im Besitz des Autors)
- Gespräche mit Zeitzeugin Gretel Classen, Tochter von Walter Classen, und schriftlicher Bericht.
- Berichte von Lore von Holst, Tochter von Walter Classen, über ihren Vater. (Im Besitz des Autors)
- Gespräch mit Hans Schmidt, Sohn von Hans Michael Schmidt.
- Gespräch mit Pfarrer Walter Joelsen sowie schriftlicher Bericht.
- Gespräche mit Angehörigen der Familie von Albert Lempp, vor allem mit Irmgard Lempp.
- Gespräch mit Marie Luise Schultze-Jahn, der Verlobten von Hans Conrad Leipelt.
- Telefonate mit Denny Fleischmann in Montevideo/Uruguay sowie Korrespondenz mit seinem Vetter, Werner Guter, in Luzern.

Literaturverzeichnis

Archive

Archiv des Instituts für Zeitgeschichte München
Bayerisches Hauptstaatsarchiv München
Deutsches Literaturarchiv Marbach
Landeskirchliches Archiv der Evangelisch-Lutherischen Kirche in Bayern (LAELKB)
Privatarchiv der Familie Daumiller-Zeil
Privatarchiv von Armin Rudi Kitzmann
Staatsarchiv München
Staatsarchiv Oberbayern (StA. Oberbay.)
Stadtarchiv München

Sekundärliteratur

Alt, Karl: Todeskandidaten. Erlebnisse eines Seelsorgers im Gefängnis München-Stadelheim mit zahlreichen im Hitlerreich zum Tode verurteilten Männern und Frauen, München 1946.

Baier, Helmut: Chronologie des bayerischen Kirchenkampfes 1933–1945, Nürnberg 1969.

Baier, Helmut: Kirche in Not, Neustadt a.d. Aisch 1979.

Baier, Helmut: Liebestätigkeit unter dem Hakenkreuz. Die Innere Mission in der Zeit des Nationalsozialismus, Nürnberg/München 2008.

Baier, Helmut: ... wo ist dein Bruder Abel? 50 Jahre Novemberpogrom. Christen und Juden in Bayern in unserem Jahrhundert (Begleitband zur Wanderausstellung), Nürnberg 1988.

Braun, Hannelore (Hg.): Verantwortung für die Kirche. Stenographische Aufzeichnungen und Mitschriften von Hans Meiser 1933–1955. Sommer 1933 bis Sommer 1935 (Band 1), Göttingen 1985.

Bühler, Anne Lore: Der Kirchenkampf im evangelischen München, Nürnberg 1974.

Daumiller, Oscar: Geführt im Schatten zweier Kriege. Bayerische Kirchengeschichte selbst erlebt, München 1961.

Diem, Hermann: Wie wenig haben wir geholfen!, in: Leuner, Heinz David; Fink, Heinrich (Hg.): Stärker als die Angst. Den sechs Millionen, die keinen Retter fanden, Berlin 1968, S. 132–140.

Dietzfelbinger, Hermann: Veränderung und Beständigkeit: Erinnerungen, München 1985.

Evangelisches Gemeindeblatt für München

Fix, Karl-Heinz: Glaubensgenossen in Not. Die evangelisch-lutherische Kirche in Bayern und die Hilfe für aus rassischen Gründen verfolgte Protestanten. Eine Dokumentation, Gütersloh 2011.

Friedländer, Ruth; Guter, Werner: Out of Berlin. The Friedländer and Guter families 1933–1945, Luzern 2010.

Gauger, Joachim (Hg.): Chronik der Kirchenwirren. Vom Aufkommen der »Deutschen Christen« 1932 bis zur Bekenntnis-Reichssynode im Mai 1934 (Band 1), Elberfeld 1934.

Geuder, Karl: Im Kampf um den Glauben: wie ich die Bekennende Kirche erlebte. Erinnerungen und Dokumente aus der Zeit des »Dritten Reichs«, Schweinfurt 1982.

Gisevius, Hans Bernd: Wo ist Nebe? Erinnerungen an Hitlers Reichskriminaldirektor, Zürich 1966.

Hamm-Brücher, Hildegard: Freiheit ist mehr als ein Wort: eine Lebensbilanz. 1921–1996, Köln 1996.

Hermelink, Heinrich (Hg.): Kirche im Kampf. Dokumente des Widerstands und des Aufbaus in der evangelischen Kirche Deutschlands von 1933 bis 1945, Tübingen 1950.

Höchstädter, Walter: Durch den Strudel der Zeiten geführt. Ein Bericht über meinen Weg von der Monarchie und der Weimarer Republik durch das Dritte Reich und den Zweiten Weltkrieg , Bubenreuth 1993.

Jochmann, Werner (Hg.): Adolf Hitler. Monologe im Führerhauptquartier, 1941–1944. Die Aufzeichnungen Heinrich Heims, Hamburg 1980.

Kantzenbach, Friedrich Wilhelm: Widerstand und Solidarität der Christen in Deutschland: 1933–1945. Eine Dokumentation zum Kirchenkampf aus den Papieren des D. Wilhelm Freiherrn von Pechmann, Neustadt a.d. Aisch 2000.

Kitzmann, Armin Rudi: Mit Kreuz und Hakenkreuz. Die Geschichte der Protestanten in München 1918–1945, München 1999.

Kitzmann, Armin Rudi: Reizperson für Nationalsozialisten und Demokraten: Landesbischof D. Hans Meiser. Dokumentation einer Verurteilung, siehe: www.landesbischof-meiser.de [zuletzt geöffnet am 02.05.2016].

Kitzmann, Armin Rudi: Unbekannter Landesbischof D. Hans Meiser, in: Zeitschrift für Bayerische Kirchengeschichte 78 (2009), S. 213–230.

Kretschmar, Georg; Nicolaisen, Carsten (Hg.): Dokumente zur Kirchenpolitik des Dritten Reiches. Vom Beginn des Jahres 1934 bis zur Errichtung des Reichsministeriums für die Kirchlichen Angelegenheiten am 16. Juli 1935 (Band 2), München 1975.

Kuller, Inge: Eine Kirche, die Hitler im Wege stand. Dokumentation der Ausstellung vom 14. Juni 1998 bis 9. Mai 1999 zur Erinnerung an die Zerstörung der alten St.-Matthäuskirche in München im Juni 1938, München 1999.

Kutter, Ernst, Pfarrer: Pfarrbeschreibung der Christuskirche, München 1941.

Lamm, Hans (Hg.): Vergangene Tage. Jüdische Kultur in München, München u.a. 1982.

Mack, Georg: Entscheidungsvolle Tage der evangelisch-lutherischen Kirche in Bayern 1934, Ansbach 1958.

Meiser, Hans: Kirche, Kampf und Christusglaube: Anfechtungen und Antworten eines Lutheraners, München 1982.

Merz, Georg; Merz, Johannes: Wege und Wandlungen. Erinnerungen aus der Zeit von 1892–1922, München 1961.

Picker, Henry: Hitlers Tischgespräche im Führerhauptquartier, München 2003.

Putz, Eduard; Tratz, Max: Bauern kämpfen für ihren Bischof, in: Winter, Helmut (Hg.): Zwischen Kanzel und Kerker: Augenzeugen berichten vom Kirchenkampf im Dritten Reich, München 1982, S. 9–23.

Röhm, Eberhard; Thierfelder, Jörg: Juden, Christen, Deutsche. 1933–1935 (Band 1), Stuttgart 2004.

Röhm, Eberhard; Thierfelder, Jörg: Juden, Christen, Deutsche. 1938–1941 (Band 3,2), Stuttgart 1995.

Röhm, Eberhard; Thierfelder, Jörg: Juden, Christen, Deutsche. 1941–1945 (Band 4,2), Stuttgart 2007.

Sammetreuther, Julius: Predigtmeditationen über die Altkirchlichen Episteln und die Eisenacher (neuen) Evangelien, München 1936.

Schieder, Julius: D. Hans Meiser DD. Wächter und Haushalter Gottes, Gunzenhausen 1956.

Schönlebe, Dirk; Bäumler, Klaus: Von ihren Kirchen verlassen und vergessen? Zum Schicksal Christen jüdischer Herkunft im München der NS-Zeit, München 2006.

Scholl, Inge: Die weiße Rose, Frankfurt am Main 1952.

Schuster, Gerhard: Das Land hat keine Kinder und kein Licht, München 2006.

Sommer, Wolfgang: Wilhelm Freiherr von Pechmann: ein konservativer Lutheraner in der Weimarer Republik und im nationalsozialistischen Deutschland, Göttingen 2010.

Steckhan, Beate: Was ihr getan habt einem unter diesen meinen geringsten Brüder, das habt ihr mir getan, in: Leuner, Heinz David; Fink, Heinrich (Hg.): Stärker als die Angst. Den sechs Millionen, die keinen Retter fanden, Berlin 1968, S. 180–205.

Steinbach, Peter; Tuchel, Johannes: Georg Elser. Der Hitler-Attentäter, Berlin 2010.

Stoll, Christian: Dokumente zum Kirchenstreit. Der Weg der Evangelisch-Lutherischen Kirche in Bayern (Band 5), München 1935.

Taube, Otto Freiherr von: Errettung eines jüdischen Kindes in München 1943, in: Lamm, Hans (Hg.): Vergangene Tage. Jüdische Kultur in München, München u.a. 1982, S. 437.

Wurm, Theophil: Erinnerungen aus meinem Leben, Stuttgart 1953.

Zwanzger, Johannes: Jahre der Unmenschlichkeit. Eine Rückbesinnung von Kirchenrat Johannes Zwanzger, Neuendettelsau, in: Sonderdruck aus: Concordia, Theologische Hefte 4 (1988), S. 1–15.

Abbildungsnachweis

Adventskirchengemeinde Aubing, S. 84, 97, 100
Archiv Christuskirchengemeinde München, S. 60, 96
Archiv Daumiller-Zeil: S. 98
Archiv der Evangelischen Kirche im Rheinland, S. 21
Archiv der Lutherkirche München, S. 110 (o.)
Archiv Familie Classen: S. 90, 91, 93
Archiv Innere Mission München, S. 43, 46, 65, 88 (re.)
Archiv Kirchengemeinde Eichenau, S. 45
Archiv Kirchengemeinde St. Mätthäus München, S. 48, 49, 51, 52
Archiv Lempp: S. 101, 105
Archiv Rudolf Meiser, S. 41
Deutsches Literaturarchiv Marbach, S. 74
Evangelisches Zentralarchiv Berlin, 500/103, S. 17 (©Foto Zscherpel)
Evangelischer Pressedienst, S. 69
Fleischmann, Denny: S. 87, 88 (oben), 89
Heinz Hermann Niemöller, S. 57
Hildebrand, Peter: S. 28, 38, 67, 104, 106, 109, 110 (u.), 112
Kitzmann, Markus: S. 61
Landeskirchliches Archiv der Evangelisch-Lutherischen Kirche in Bayern (LAELKB), S. 12, 26 (re.), 30, 44, 80–81, 88 (li.)
Mrsich, Tycho Q., S. 76 (li.)
Privatarchiv, S. 15, , 25, 26 (li.), 29, 32, 34, 36, 37, 50, 71, 77, 102
Seufert, Bernd: S. 76 (re.)
Stadtarchiv München, S. 10, 73
SZ-Photo, S. 63

Dank

Für die Ermöglichung der Drucklegung habe ich vielfach und herzlich zu danken. Freundlicherweise unterstützte die Evangelisch-Lutherische Kirche in Bayern finanziell die Realisierung dieses Buches. Der Allitera Verlag zögerte nicht, mein Manuskript zu veröffentlichen und die Lektorin Dietlind Pedarnig trieb mit viel Engagement und Einfühlungsvermögen die Entstehung des Buches voran. Bei der umfangreichen Bebilderung war das ein sehr verdienstvolles Bemühen.

Peter Hildebrand war für mich bei vielerlei technischen Problemen und bei der Bildbeschaffung unverzichtbar, ebenso Markus Kitzmann.

Über den Inhalt des Buches und manche Probleme, die damit verbunden waren, konnte ich mich seit Langem mit dem Enkelsohn von Landesbischof D. Hans Meiser, Dr. Christian Meiser, austauschen.

Ohne die Bereitschaft der Familien Classen, Doerfler, Fleischmann, Henninger, Höchstädter, Lempp, Mrsich, Niemöller sowie der Kirchengemeinden Adventskirche, Christuskirche, Lutherkirche, St. Matthäus, der Inneren Mission und schließlich verschiedenster Archive wäre die Bebilderung des Buches nicht möglich gewesen.

Allen Beteiligten nochmals vielen Dank!